なりたい自分は髪でつくる

UMiTOS 砂《すな》原《はら》由《よし》弥《み》
（ちょきみ）

before

優しい顔立ちをもっといかすには？

長かった前髪を
眉上につくって

レイヤーを低めに入れて抜け感を出す

ゆるめのパーマで
毛先に動きをつけたら

パーマで軽やかさを出した分
髪の色はロートーンに

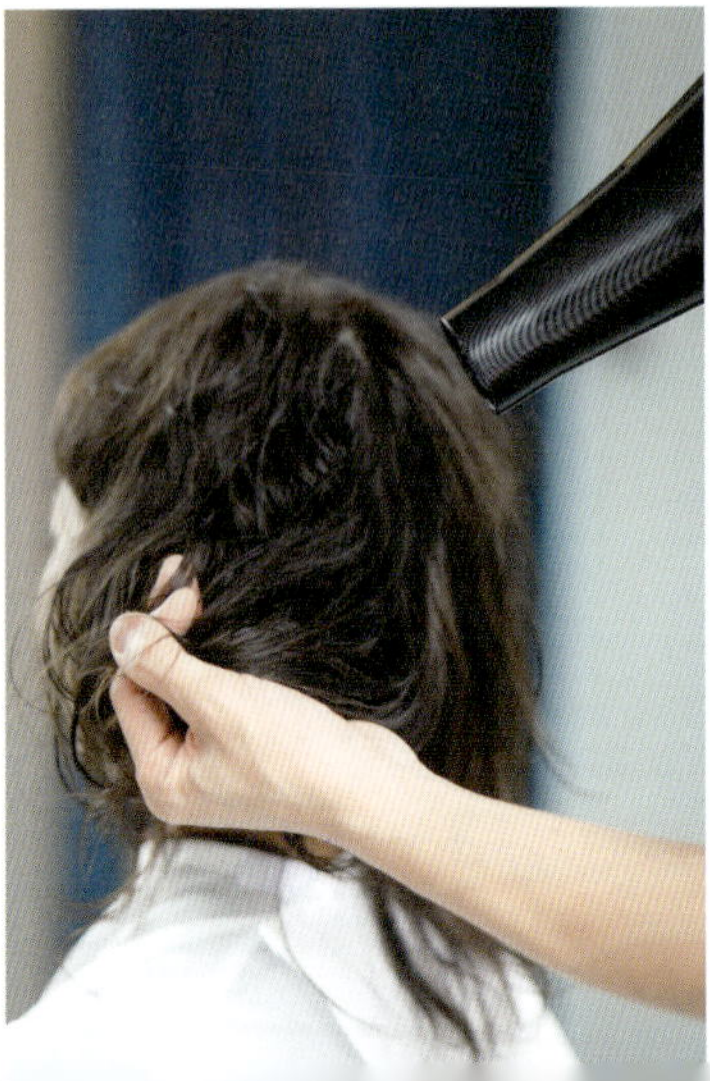

かわいらしさと
大人っぽさを兼ね備えた
ニュアンスパーマで
幸福感もアップ

・ガウン¥8,900（サンタモニカ 原宿店）
・パンツ¥23,000（sneeuw）
・チョーカー ¥1,900（Osewaya／お世話や）

はじめに

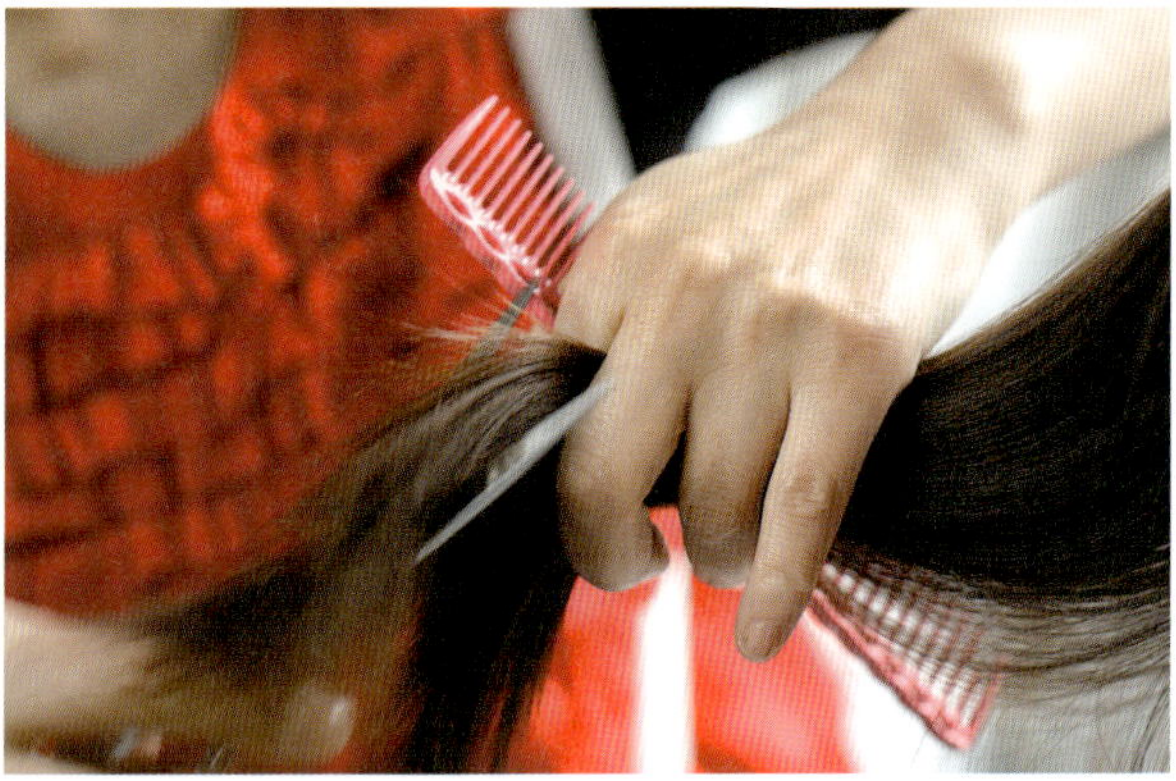

私は、ドライカットでお客様の髪を切っています。

ドライカットとは文字通り乾いた状態で髪の毛を切ることです。ヘアメイクの現場では、カットをしてすぐに撮影となるケースも多く、瞬時に髪型をデザインするスピード感が求められます。その度に髪を濡らしていたのではカットからドライ、セットまでに時間がかかりすぎてしまうのでドライが有効です。

そのドライカットですが、美容室のサロンワークでも大きなメリットがあります。乾いた状態でのカットはお客様の本来もっている髪のクセや動きを的確に見極められるため、ひとりひとりの個性をいかしたオンリーワンの髪型がつくれます。なによりカットが終わった時点で仕上がりが見えるので、自宅での再現性が高いのがポイントです。お客様自身のスタイリングのしやすさにも直結します。

そうやってひとりひとりに似合わせたスタイルをつくってきたところ、「砂原が担当した新人は必ず売れる」というジンクスができ、多くの俳優さんのヘアメイクを担当するようになりました。新人俳優さんや女優さんが海外の映画祭で賞をとったり、大河ドラマの主役に決まったり。無名の芸人さんが人気のバラエティ番組に出演したり、別の方がM1グランプリで優勝したり。

これは芸能のお仕事にかぎったことではありません。お客様に似合う髪型をつくることで、お客様が自分でも気がつかなかった魅力に気づき、周りも巻き込んでお客様自身が輝き始めるというプロセスで、ブレイクする方たちをたくさん見てきました。例えば、男性のお客様がバッサリ髪を切ってイメージチェンジしました。その髪型をSNSに投稿したところ、高校時代の憧れのマドンナからコメントがあり、それをきっかけに付き合い始めることに。その1年後には結婚し、今では一児の父になっています。

就職活動の面接の前にカットして、見事合格！　といったエピソードには枚挙に暇がありません。そういったお客様の口コミから、美容雑誌で「開運カット」としてとり上げていただくようにもなりました。

ヘアメイクの現場と美容室の二足のわらじで培った幅の広さを武器に、お客様自身が気づいていない魅力を引き出すお手伝いをしてきました。お客様自身が輝き始めるきっかけをお手伝いさせていただくことに、幸せを感じます。

では、髪を切ることがなぜ開運につながるのでしょうか。それは、髪型が人の印象をつくっているからです。顔は変えられませんが印象は髪型で大きく変えられます。印象が変わると周りからの評価が変わります。それによって自分に自信がもてるようになり、人生がプラスに動き始めるのです。

この本では、人生を変えるほどの髪型を、どうやったら手に入れることができるのか、その方法を紹介しています。また、美しい髪質を保つために自宅でできるヘアケアや、簡単にできるヘアアレンジなど、あなただけの髪型を長く楽しむヘアテクニックについても解説しています。

運命の髪型を手に入れることで、人生が動き出す。たくさんの方に、そのプロセスを体感していただきたいと思っています。

これまで
挑戦してこなかった髪型で

before

新たな自分の魅力を感じてほしい

キレイな黒髪はそのままに
エッジのきいたカットと
動きのあるパーマで
ムードをまとわせる

・ワンピース¥21,000（sneeuw）
・イヤリング¥1,000
・バングル¥1,600
（共にLIMITED NUMBER／お世話や）

もくじ

CHAPTER 1

人生は髪で変えられる

CHAPTER 2

キレイになると覚悟を決める

CHAPTER 3

知っておきたい 髪のこと

CHAPTER 4

自宅でできるヘアテクニック

COLUMN

（表紙）
撮影／丸尾和穂
モデル／KIKI
スタイリング／川田真梨子
ヘア／砂原由弥（UMiTOS）
メイク／シラトリユウキ（UMiTOS）
衣装協力／ピアス（YUKA HOJOオンラインストア）

＊本書に掲載のデータは2019年2月現在のものです。価格、データなどは予告なしに変更になる場合がありますのでご了承ください。表示価格は、特に記載のないかぎりすべて税別です。

CHAPTER 1

人生は髪で変えられる

01

あなたの印象を決めるのは、あなたの髪

初対面の人に会うとき、相手の何を見て情報を得ていますか？　顔、表情、ファッション、雰囲気、声、話し方などでしょうか。実は**「髪型」も、人を判断するのに重要な要素**です。

顔はもって生まれたものなので選ぶことはできませんが、髪型は自分で選ぶことができます。

「お堅い仕事をしている」

「流行りを追っている」

「清潔感がある」
「大ざっぱな性格」
「おしゃれに興味がない」
「自分を楽しんでいる」

などなど、**髪型ひとつでいろいろなヒントが見えてきます。**それほどヘアスタイルが人の印象にもたらす影響は大きいと思っています。

〝靴〟を例に挙げてみましょう。例えば、毎日玄関を出るとき、あなたはどうやって靴を選びますか？　「いつもより歩くからペタンコ靴にしよう」と目的に合わせて選んだり、「今日のデニムにはヒール高めでスタイルよく」などコーディネイトのアクセントにしたり。ＴＰＯに応じて靴を履き替えますよね。この靴選びによって、足元やファッション全体の印象は大きく変わります。

同じように、**髪型を着替えれば、顔のイメージだけでなくその人全体の印象が大きく変わる**のです。自分がどういう人間になりたいか、どう見せたいかを明確にしてヘアスタイルを選ぶ意識をもてば、あなた自身の印象を大きく変えることができます。

02

今日のコーディネートが決まらない それって髪のせいかも？

朝、その日に着る洋服を選んで鏡の前に立ってみる。「あれ、なんか違うな……」と何度かコーディネートを変えてみてもしっくりこないし、気分も決まらない。そんな経験ありませんか？

お目当ての新作を買ったのにイマイチ決まらず、何を着てもマンネリに見えてしまうと感じたら、洋服じゃなくて髪型のせいかもしれません。

どんなに素敵な洋服を着ても、メイクがいい感じに決まっても、**髪型がその人にフィットしていなければ、すべてが台無しになってしまいます。** すてきなドレスを着ていても、寝癖のついたボサボサの髪の毛で外に出ることはできませんが、髪型がキマっていれば、ジャージ姿でも個性的なおしゃれとして認知されたり、何かの狙いにすら見えてくることがあります。

とくに、**前髪の〝変身〟効果は絶大**です。前髪の長さをほんの1㎝、2㎝と数㎝変えるだけで、別人になったかのように全体の印象がガラッと変わる方が多くいます。同じボブのスタイルだったとしても、前髪をパッツンに切れば個性的な印象になるし、斜めのカットにするとエッジのある人になります。つまり、前髪で印象を操作することができるのです。

そう考えると、前髪なんて体全体の面積からするとわずかですが、髪の毛がその人の印象に与える影響が絶大であることがわかります。

03 自分を変えたいなら占いに頼るより美容室へ

これまで、多くの女優さんや俳優さんのヘアメイクを担当させていただきました。まだ無名だった頃からどんどん輝きだして、大きく跳ねていく様子を間近で拝見してきました。

もちろん、ブレイクの理由は本人の実力であり、演技力です。とはいえ、俳優は人に見られる仕事です。さまざまな役柄を演じるのに髪型というのはとても大切で、**刑事や医者といった役柄や、人物設定を読み込んでオリジナリティのあるヘアメイクをつくりこんでいくことは、演技の大きな手助けとなります。**

私の活動のなかで、本人や役柄に合った創作を「メディア創作プロデュース」と呼んでいますが、流行を追うのではなく、本人の魅力を引き出す半歩先ゆくスタイルを提案したことで評価をいただきました。事務所の方と一緒に、タレントさんの名前のプロデュースをすることもあります。今でも、新人俳優や女優、お笑い芸人さんが「売れたい」と言って私のところに来てくれるんですよ。

髪を切ることによる変化は、何も芸能人の方に限ったことではありません。俳優さんが人の目に触れる機会が多いだけに結果がわかりやすいというだけで、私のところで髪を切るようになってから、仕事が増えた、彼ができた、人生が変わったというお客様は多くいらっしゃいます。

それはまず、**変わりたいという覚悟をもって美容室に来ることから始まります。**髪型を変え、似合う髪型になることでムードをまとうようになる。**髪型が似合っているから周りがざわつき、反響がある。それによって自分に自信がつき、人生が変わっていく**のです。

自分を変えたいなら、服を買うより、占いに頼るより、まずはオンリーワンの髪型を身につけることをおすすめします。

04

誰しも似合う髪型はひとつじゃない

お客様の髪を切るとき、私には、その方に似合う髪型が10～15パターンくらい浮かびます。多少の差はあれ、**「ショートが似合わない」とか、「似合う髪型がひとつしかない」という人はおらず、ロング、ボブ、ショートなど異なる長さの中でその方の魅力を引き出す髪型が複数思い浮かぶ**のです。

その選択肢の中から、本人の意思や今ある環境、なりたい方向性などをヒアリングしてすり合わせをしていきます。選択肢には明るい髪の色やベリーショート、もっと派手なスタイルもありますが、それを選んでお客様の仕事がしづらくなるのは本意ではありません。似合う髪型の中からいちばんいい落としどころを見つけて、ヘアスタイルをつくりあげていきます。

そうやってできたヘアスタイルは、その人になじむオートクチュールのカットなので、古くなるということはありません。**流行ではなく個性に合わせるので、同じ髪型を続けても古くなることがない**のです。

さらに、お客様に似合うだけでなく、〝なりたい自分〟に合わせて、かっこいいにもかわいいにももっていけるのが美容です。10〜15の選択肢の中から、その方がかっこいい印象になりたいならコレ、かわいい印象になりたいならコッチというように、髪型で印象をプロデュースすることができます。

「顔が丸いから」とか「頭が大きいから」といった顔や頭の形、「猫っ毛」「クセが強い」「髪が多くて硬い」など毛質を気にされる方も多いですが、本人がコンプレックスと思っているものは個性であり、美容では武器になります。

誰しも個性があり、**個性を隠すのではなくいかしたヘアスタイルを選べば、オリジナリティのある魅力的な外見につながる**のです。

05 本人の視点より公の視点をとるほうが自分も周りもハッピーになる

UMiTOSでは、通常のカットメニューのほかに、お客様に将来の結果を約束する「スペシャルプロデュースカット」というメニューを設けています。これは、お客様がどういう人なのか、**今後どうなりたいのかを伺いながら、結果を出せるヘアスタイルに仕上げていくメニュー**です。

「今より仕事ができるようになりたい」「結婚したい」「とにかく変わりたい」といった〝なりたい自分〟のイメージを伺って、それを実現するために適したカットを施します。

とはいえ、それは私の独断と偏見で似合う髪型を押しつけるという意味ではありません。本人の〝なりたい自分〟のイメージと〝見られている自分〟という公の視点をすり合わせて、魅力をアップしていく作業です。

誰しも似合う髪型はひとつではないとお伝えしましたが、その髪型の中から、本人の〝なりたい自分〟のイメージに近い髪型を選んでいく作業ともいえます。

女優さんが「自分はがんばっているのに仕事が来ない」というのはわかりやすい例ですが、職業にかかわらず、**〝なりたい自分〟と〝見られている自分〟にギャップがあればあるほど、人生はうまくいきません。**

どんなに腕がよくても清潔感のない歯医者さんはうまくいかないでしょうし、少なからず人と接するのであれば、〝見られている自分〟＝〝人から見た印象〟を意識することが大切になってきます。

自分が「こうしたい」より、「こういう人になりたい」というイメージと、公の視点をすり合わせていくほうが、自ずとギャップが埋まっていくのです。

06

「なりたい髪型」ではなく「なりたい自分」をイメージする

「私はこうしたい」と「私はこういう人になりたい」は違います。

例えば、美容室に自分のなりたいイメージに近い人物がのった雑誌の切り抜きをもって行くとします。そのとき、「この髪型とまったく同じに切ってください」と言うのと、「こういうイメージになりたいです」と言うのでは意味合いが大きく異なります。

前者では、髪を切られる側が「この髪型になれば私はキレイになれる」といった独りよがりの思い込みが強く、美容師が〝見られている自分〟を提案したヘアスタイルを施しづらくなります。この場合、美容師に技術があって雑誌の切り抜きとまったく同じ髪型にできたとしても、**100％に近い確率で「なんか違う」という結果につながります。**

後者であれば、雑誌の切り抜きは「この切り抜きのどういう点が気に入っている」のかを美容師が引き出す大切なきっかけになりますし、コミュニケーションをとることでそのイメージを共有することができます。

その切り抜きが、スタイリッシュなファッション誌なのか、トラッド系なのかナチュラルな生活誌なのか。そして、その中のどんなイメージを描いているのか。それをお伝えいただくために、雑誌やインスタグラムなどのイメージを活用してください。

美容師が知りたいのは、お客様が「なりたい髪型」ではなく「なりたい自分のイメージ」なのです。

07

どこで、誰に対して、髪型を武器にするのか？

人生を変えるほどの髪型を手に入れるためには、〝なりたい自分〟と〝見られている自分〟をすり合わせていく作業が必要とお伝えしました。〝見られている自分〟とは、**心理学用語で「対人魅力」**といいます。

「対人魅力」とは、周りの人から受ける肯定的な魅力を意味します。この対人魅力を決定する要素はいくつかありますが、そのうちのひとつに「身体的魅力（容姿の魅力）」、つまり外見の印象があります。

初対面の人に会うとき、瞬間的な魅力を操作するのはやっぱり髪です。目の前にいない人の説明をするときに「あのショートカットの子ね」「後ろでひとつに結んでいた女性がさ」と、髪型をもち出すのも、そのいい例ですね。

この対人魅力を、どこで使いたいかと考えることも〝なりたい自分〟をイメージするひとつの手です。仕事で会う人の印象を上げたいのか、意中の男性とのデートなのか、婚活の場なのか。仕事でも恋愛でも多種多様ですが、第一印象をどこで効果的に使いたいのかによっても、武器となる髪型は変わります。

お客様にフリーランスで活躍する編集者がいますが、仕事が忙しく、毎日のセットがとにかく楽な髪型であることが彼女の第一条件です。とはいえ、編集者としてのイメージは大切。彼女の場合、結婚しているので〝モテ〟の要素は求めていない（そうしないことでスタイリッシュな男性ウケはよくなりますが）といった要素から、エッジの効いたショートヘアを施しています。

その方がもし結婚しておらず、モテの要素も入れたいというのであれば、ゆるやかなパーマで軽さや揺らぎ感をプラスした髪型を武器にするでしょう。

魅力をどこで使いたいか、誰に対して武器にしたいのか、考えてみてください。

08

「ゆるふわ」がモテるのはオトコは揺れるものに弱いから

はっきりいって、「ゆるふわ」ヘアはモテます。

毛束をあえて引き出し、ルーズなシルエットに仕上げるポニーテール、トップと毛先にカールをつけたロングスタイル、手でくしゅっとスタイリングできるふんわりボブ……。

私も、お客様に「モテたい」と言われれば、ヘアに揺れる要素を加えます。ただの「ゆるふわ」ではなく、ひとクセあるというかニュアンスのあるスタイルに仕上げますが、**やはり女性らしさをアピールできる「ゆるふわ」をポイントに入れて男性のDNAを直接刺激します。**

心理学的には、男性には狩猟本能があり、揺れたり動いているものを目で追う習性があるといわれています。ついつい獲物を狙ってしまうハンター気質。その本能を知ってか知らずか、**女性の中に揺れているものが多いほど、男性はうっかり目で追ってしまうという性質があるのです。**そこから、言わずもがな「なんだか、あの子のことが気になるな……」につながるわけですね。

そのため、ゆるふわヘアにかぎらず、耳元で揺れるピアス、ふんわりシフォン素材のブラウスやスカート、ゆったりケーブルニット、フリンジのついたブーツなど**揺れ動くアイテムが、時代を超えてモテる女性のテッパンスタイル**になっているのです。

09

そもそもモテるってなんだろう？

男性にモテる。垢抜けても見える。「ゆるふわ」は、モテの最強ヘアスタイルだと前項でお伝えしました。

とはいえ、私は**「ゆるふわ」をすべての女性にオススメする訳ではありません。**ヘアスタイルのどこかに、要素として「ゆるふわ」をとり入れることはもちろんありますが、「このヘアスタイルにしたら誰でもモテるよ」というオールマイティな「モテ髪」がこの世に存在するわけではないからです。

もっというと、一般的な「ゆるふわ」が似合う女性は限られています。とにかくモテたいからと、似合ってもいない「ゆるふわ」ヘアにしても、寄ってくるのは質の悪い男性だけだと思います。

あなたは、不特定多数の男性にモテたいですか？

そもそも、モテるとはなんでしょう。「男性にモテたい」という恋愛的な意味合い以外にも、「同性にモテる」「年上からモテる」といった使い方もします。**どんなモテ方にも共通していえるのは、「魅力的な人」であるかどうか**なのではないでしょうか？　ヘアスタイルには長さや「ゆるふわ」といったスタイルの流行がありますが、魅力を引き出すためには流行を追うのではなく、**その人がいちばん輝いて見えるヘアスタイルを選べるかどうかが大切**だと思います。

似合う髪型を手に入れることで自信がつき、輝き出す。それが、その人にとっての「モテ髪」であり、本当に魅力的な女性になることにつながっていくのではないかと思うのです。

10

NO CHARACTER NO LIFE

世の中には、なんと「ゆるふわ」なロングヘアの女性が多いことか。それは意識的にも無意識のレベルでも、「モテたい」という心理が働いていることは間違いないでしょう。揺れたほうが一般男性にモテるし、「ロングが嫌い」という男性は聞いたことがありません。**「なんでショートにしたの？」という男性はいても「なんでロングにしたの？」という男性はいない**のです。結婚式が終わると解放されたようにバッサリ髪を切る方も、世の中には多くいますよね。

とはいえ、なんとなく世の中に寄り添っていたい、流行を追っていたい、男性ウケを狙いたいという理由で無難な髪型を選ぶのは、非常にもったいないことだと私は考えます。自分を表現する手段として、あるいは美容の武器として髪型を利用しない手はありません。**髪の毛は洋服を脱いでもメイクを落としても残る、自分の一部なのですから。**

試しに、白いTシャツを着て鏡の前に立ってみてください。髪型がその人自身になじんでいたら、白いTシャツ一枚だけもその人らしさが出ます。もし似合っていない、違和感があると感じたなら、似合わない理由は何か考えてみてください。髪型が浮いている、あるいは個性のないエキストラのような外見になっていませんか？

そうやって、洋服やメイクといった付け足しの美容をまとった自分ではなく、削ぎ落として残った素の自分と向き合ってください。**もともともっている自分の個性から魅力を引き出すと、古くならない自分の個性が見つかるはず。**そこを原点に、〝なりたい自分〟に向けて洋服やメイクを付け足していってください。

たかが髪型、されど髪型

本人の個性から導き出されたすてきな髪型を手に入れると、人生が変わります。髪型を変えてキレイになれない人はいません。では、髪型を変えることでただ印象が変わるだけでなく、キレイになるのはどうしてでしょうか？

それは、髪型が変わる→サイズ感が変わる→個性的で洗練された印象になる→周りからの見る目が変わる→ムードを身にまとうようになる、からです。

サイズ感というのは、例えば、髪の毛を1cm切るのと2cm切るのでは、その人の雰囲気がどう変わるかということです。洋服では、SかMかLかを体型に合わせて選ぶだけでなく、あえて大きめを選んでサイズ感を楽しむというような使い方をしますが、髪の毛のサイズ感もそれと同じような意味です。

自分では、これまでSサイズの洋服がフィットすると思っていたけど、あえてLサイズやメンズのスウェットを着たらなんだかおしゃれに見えた。というようなことは、髪型でも起こります。

このようにほどよいサイズ感の髪型になると、「髪の毛切ったんだね」ではなく「あれ、今日なんかいい感じだね。髪型変えた？」と周りがザワつくようになります。それは、髪の毛がその人になじんでいる証拠で、**髪の毛を切ったという事実よりも印象が変わったことのほうが前面に出てきます。**

そういった周りの評価を得ると、自信がつきます。つまりメンタルが変わるのです。個性とムードをまとった女性は仕事も恋愛もうまくいくでしょう。公の視点をとった髪型で**〝なりたい自分〟と〝見られている自分〟のギャップが埋まっていくと、自然と人生がいい方向に動き出す**というわけです。

12 髪型を変えるとメンタルが変わる

髪型が印象に与える影響についてお話ししてきましたが、人の印象を構成する要素は髪型以外にもいくつかあります。

顔ならメイクを変えることで印象が変わりますし、洋服を着替えることで気軽にイメチェンができます。体型を変えることは長期戦ではありますが、ダイエットや筋トレなどで見た目を大きく変えることも可能です。

私は、〝なりたい自分〟や目的、対人魅力をどこで使いたいかによって重点を置くべき要素が変わってくると思っています。

例えば、ミスユニバースのような美を競う場では、体型の美しさを追求することが高評価につながります。参加者は同じようなロングヘア、体にフィットしたビキニ姿で審査されるので、スタイルの良し悪しが際立つからです。

今すぐ男性にモテたいというのであれば、男性好みのメイクや洋服に変えることが有効です。かわいらしさを意識したフレアスカートやワンピースに着替えれば、一般的な合コンなどでの男性支持が上がるでしょう（これはあくまで瞬間的ではありますが）。

では、髪型をすてきに変えることでもたらされる効果とはなんでしょうか？

それは、自分自身の変化です。**誰のためでもない自分自身のメンタルが変わるのです。**髪型を変えるということは〝なりたい自分〟に向かって自分の一部を変えるのですから、覚悟のいることです。そして実際に髪型を変えて周りの評価が上がることで、自分に自信がつき、外見だけでなく内面が変わっていきます。

「髪は女の命」と昔からいいますが、それだけ**髪型とメンタルは深くリンクしているのです。**

メンタルを変えたいなら、スピリチュアルより髪型を変えることが先決です。

13

「なりたい自分」に導く理想の美容師とは？

「美容師」を辞書でひいてみると、〝整髪や髪結い、パーマ、美顔、化粧などでおもに女性の容姿を美しく整える技術者、美容を生業とする人〟とあります。美容室を〝ヘアサロン〟と呼ぶように、髪の毛に限定した技術を施す場と思われがちですが、本来、美容室は、髪切り店ではなく美容の専門家がいるところです。ただ、「とにかく短時間で髪を切ってほしい」というお客様の需要があるのも確かですので、どちらが良い悪いということではありません。美容室は全国に約24万軒ある（コンビニの数よりも信号の数よりもはるかに多いのです！）ので、性質が異なっているということです。

また、**切り方を知っている美容師と、似合わせができる美容師は違います。**切る技術があっても、「この方なら前髪をもう1㎜切ったほうがいいな」などがわかるかどうかは別の話です。私は、美容師の違いをよく洋服のパタンナーとデザイナーに例えて説明します。**切る技術の高い美容師がパタンナータイプで、お客様へのオートクチュールのデザインができる美容師がデザイナータイプ**です。

例えば、タンクトップをオーダーメイドでデザインするとします。その方に似合うのが丸首なのかVネックなのか、丸首であればどれくらいまで首周りを詰めるか、VネックならVの深さをどうするか。そこまでを瞬時に判断できるのがデザイナータイプの美容師です。さらに、「ストリート感を出したいからピリッと破いてダメージを加えておこうか」など。トップデザイナーなら、オンリーワンでその人にいちばん似合うタンクトップがつくれるはず。

これは、髪型にもいえることです。**自分だけの髪型をつくってくれるトップデザイナータイプが理想の美容師であり、そんな美容師を見つけられるかどうかで、人生が変わってくる**のかもしれません。

14

自分を伝えられる人ほど理想の美容師に出会える

美容師には、パタンナータイプとデザイナータイプがいることをお伝えしました。とはいえ、美容師は誰もがお客様のトップデザイナーでありたいと願っているはずです。さらに同じ美容師でも、お客様のオーダーの仕方によって仕上がりが変わってくるのも事実です。

新しい自分に出会いたい、人生を変えたいと思ったら、担当の美容師に〝なりたい自分〟を伝えてください。前項でお伝えしたように雑誌の切り抜きでもいいいですし、憧れの芸能人でも構いません。なりたい髪型がのっているカタログではなく、ファッションの雰囲気や空気感などが伝わるものがベストです。

また、「仕事で評価されたい」「結婚したい」など、人生の目標や〝なりたい自分〟像もぜひ伝えてください。それによって美容師は、**似合う髪型の中からより「対人魅力」を発揮しやすいヘアスタイルを美容のプロの目線でセレクトし、オンリーワンの髪型を仕上げていきます。**

初めての美容師なら、普段のファッションがわかるコーディネートで出かけるのがおすすめです。お気に入りのピアスやアクセサリーをつけていくのもいいですね。〝なりたい自分〟に加えて、仕事や趣味、自宅のインテリア、気になっているものなど、人となりがわかることをどんどん伝えてください。デザインを引き出す要素は多いに越したことはありません。

そして髪の毛を切ってもらったら、**「私、この髪型で結果を出せますか？」「なりたい自分に近づけますか？」と聞いてみてください。**返答次第で、美容師の覚悟がわかると思います。そういったやりとりを面倒くさがるような美容師だったとしたら、次から他をあたりましょう。

15

美容師を自分専属のメンターにする

「なりたい自分」に近づけ、周りがザワつくようなムードをつけてくれる美容師に出会えたら、それは人生の大きなターニングポイントになります。そんな美容師に出会えたら、美容のメンター（指導者、助言者）として味方につけましょう。

「いい美容室」の定義にはいくつも考え方があると思います。それは、いい接客かもしれませんし、リラックスできて落ち着くインテリア、はたまたコストパフォーマンスかもしれません。

人によって〝いい〟の定義は変わってくると思いますが、髪の毛を切りに行く場所という大前提からすると、**「新しい自分に出会いたいからおまかせで」といった注文に対して、自信をもって提案をしてくれる美容師がいるところは信用できます。**

また、自分がすてきだなと思う人に、どこの美容室で誰に切ってもらっているかを聞いてみるのも理想の美容師に出会う近道だと思います。美の感覚が近い人に切ってもらえば、満足するヘアスタイルにたどり着ける可能性は高いです。

医療であれば、歯医者さんなどかかりつけのお医者さんがいる人も多いはず。健康面は整体やマッサージなど体の専門家にみてもらったり、パーソナルトレーナーをつけてトレーニングをしている方もいらっしゃるでしょう。

その感覚で、**美容の専門家である美容師に、美容を全面的に任せてみてください。**自分では見えない後ろ姿を誰より近くで見て、髪の毛のクセや特徴、肌の質感を実際に触って把握しているのが美容師です。自分専属のメンターとして、あるいはスタイリストとして、もっと美容師を頼ってほしいと思います。

16 運命の美容師かどうかは髪の毛を切ったあとにわかる

いい噂や口コミを聞いてカリスマ美容師に切ってもらったとしても、それだけで自分に合うかどうかを判断することはできません。担当の美容師が美容のメンターとして頼れる存在なのかどうか、判断ができるのは髪の毛を切ってからです。具体的には、次のようなポイントがいい美容師の判断基準になると思います。

- 自分の髪型への周りからの評価が高い
- 「どこで切ったの?」と人から聞かれる

- 自宅での再現性が高い
- ヘアスタイルが長持ちする

「似合う」という感覚は、自己評価ではなく他人からの目のほうが、信憑性が高いもの。もちろん新しい髪型によって自分の気持ちが上がるのは大切ですが、周りからも「似合っている」と言われれば、その感覚に自信がもてます。この評価によって、公の視点をとった髪型がクリアできていることがわかります。

とはいえ、「髪を切った直後はよかったのに、自宅でスタイリングするとなんか違う……」「いいと思う状態が1ヵ月続かない」など、瞬間的で持続できないようでは、いい髪型とはいえません。

新しい美容師に髪を切ってもらったときは、髪を切った直後だけでなく、しばらく日常生活を送ってみたあとにフィードバックをしてみてください。劇的な変化はなくても「なんかいい感じ」、「印象を褒められることが増えた」という感覚がもてれば、リピートの価値あり。私のお客様では、初回のカットで仕事が増える方も、1年ほどで仕事や結婚などの結果を実感される方もいます。

beauty
column
1

フフフ

魅力的な口元になる
魔法の言葉

口元は、女性らしさの象徴です。際どい表現ですが、唇は第二の性器とも呼ばれます。男性は女性の唇で女性の鮮度を確かめているといいます。話をしたり食事をしたりと常に動いている部分なので、品性が現れるパーツでもあります。例えば、食べ方が汚いとガサツな印象になりますし、歯並びが悪いと顔が整っていても魅力は半減。反対に、ふっくらとしてツヤツヤの唇は、それだけでかわいらしく見えます。魅力的な肉厚な唇をつくるためには、リップなどでカサつきをケアするのはもちろんですが、唇周りの筋肉を鍛えることが大切です。そんな唇トレにピッタリなのが「フフフ」。実際に大きく唇をつきだして「フフフ」とゆっくり口にしてみてください。たった3文字でも、意外と疲れませんか？

表情筋を鍛えることはシワやたるみの改善にもつながり、女性にとっていいことだらけ。脳科学的にも「フフフ」の唇の形はいいエネルギーが出るそうですよ。

CHAPTER 2

キレイになると覚悟を決める

17 「変わりたいけど変わりたくない」が本音じゃない？

第一章では、髪型が印象に大きく影響を与えること、なりたい自分を叶えるためには、オートクチュールの髪型に仕上げてくれる美容師との出会いが大切であることをお伝えしました。

しかし、そういった出会いがあっても、**お客様の覚悟なくしては人生を変えるほどの髪型を手に入れることはできません。**ロングからショートにするときはもちろん、〝今までの自分〟と比べて大きく髪型が変わるときには、「変わりたい」と言いつつ、迷いや戸惑いを見せる方も多いです。

「変わりたいけど変わりたくない」といった心理は、悪くなる変化だけでなく良くなる変化に対しても見られます。良くなるとしても、わからないのが怖い、変わることそのものが怖いため、自分で自分にストッパーをかけてしまうのです。

とある新人女優さんが映画のオーディションに向けて私のところに来てくれたのですが、〝見られている自分〟に目を向ける気持ちが十分でなかったようで、提案を受け入れていただけなかったことがありました。その日は「覚悟を決めたら来てください」と伝え、髪を切らずに帰っていただきました。その後、もう一度来てくれてじゅうぶんに話し合い、自信をもっておすすめできるカットをしたら、本人も納得をしてくださり、いい顔で帰っていきました。その後、オーディションに合格、さらに海外の映画祭で新人賞まで受賞しました。

自分を変えるほどの髪型に出会うということは、覚悟のいることです。いつもの美容師に「変わりたい」と伝えるのも、初めての美容室に足を運ぶのも勇気がいります。**でも、心のストッパーをはずして、自分の〝変わりたい〟という気持ちを信じてください。どれだけ変わりたいかは、あなた次第です。**

18 キレイにも、かわいいにも、思いのままに揺さぶれるのが美容

なりたい仕事に就くと考えたとき、技術を磨くとか資格をとるとか、やるべきことはそれぞれにあります。例えば、美容師になりたいなら美容師免許をとったり、カットの技術を磨いたり。そこで保育士のための勉強をしても美容師にはなれません。

それは美容でも同じことです。キレイになりたい、変わりたいにも色々な方向性があります。ざっくりとかわいくなりたいのか、個性的になりたいのか、男性ウケを狙いたいのか。美意識には幅があります。まずは、**自分の美意識や気持ち**

がどこに向かっているのかを考えてみてください。

俳優さんがヘアメイクや衣装次第でどんな役柄にもなれるように、「キレイだけでなくオシャレ感がある」「かわいいよりカッコいいイメージで」など、髪型という材料の使い方で、思いのままに揺さぶれるのが美容です。

また、キャビンアテンダントさんなど、個性を出しすぎることがマイナスになってしまう職業であれば、似合っていたとしてもベリーショートは仕事をしづらくしてしまうかもしれません。一方、デザイナーさんなどで仕事にクリエイティビティが必要なのであれば、髪型で個性を出すのもいいでしょう。同じ「仕事をバリバリしたい」でも、人によって武器となる髪型は異なるのです。

転職や結婚など、人生のターニングポイントで髪型を変えるのもいいですね。個性に沿っている髪型は、流行り廃りがないので飽きることはありませんが、〝なりたい〟の方向性によってイメージ戦略の武器をとりかえて楽しんでください。

まずは、自分が自分自身をマネジメントするという意識をもちましょう。

19

明日、テレビに出るとしたら？

前項で「自分自身をマネジメントする意識をもつ」とお伝えしました。ここで、その具体例について紹介していきましょう。

「明日、テレビ番組に出るとしたらどんな雰囲気で収録に臨みますか？」

どんな髪型、どんな衣装、どんなメイクにするのか、タレントのマネージャーになった気分で自分自身を俯瞰してみてください。

さらに、ニュース番組なら、バラエティ番組なら、旅番組ならどうするかと限定していくと、より具体的に想像できると思います。実際に選んだ髪型、メイク、洋服で写真を撮っておくのもいいですね。

それができたら、今度は、その作業を毎日の生活に落としこんでみてください。まずは「今日はプレゼンがあるからデキる女風に」「クライアントとの会食だから清潔感重視で」など、その日の予定やTPOに合わせてイメージするのがやりやすいでしょう。リアルな予定に沿わせるだけでなく、「報道キャスター風」「モード誌のモデル風」など、その日の気分でテーマを決めたり、半歩先の〝なりたい自分〟をイメージして演じてみるのもすてきです。

そうやって、**リアルなイメージをつくりあげるという作業が、自分自身をマネジメントするという意識を高めます。**さらに、選んだものが周りから評価されたら、それはマネジメントがうまくいったという証拠。

その成功体験の積み重ねが、新しい自分につながります。

20

美容は外見と内面の相乗効果で磨きがかかる

髪型やメイク、ファッションを含めた外見は、その人の武器です。

顔は変えられないけれど、髪もメイクもファッションも変えられるし、自分で選ぶことができます。それらを〝なりたい自分〟を貫くための武器と考えると、外見はその人が選択した結果であるといえます。そのため、選ぶ技術やセンスを磨くことで〝見られている自分〟のパフォーマンスが上がっていきます。

では内面はどうでしょう？　美容においては、**内面の美しさが外見のキレイを浮き彫りにするという、相乗効果のある関係**です。

内面だけ美しくても、外見のパフォーマンスが弱い＝自己プロデュース力が弱いということなので、美のエンタメ力に欠けて評価がついてきません。反対に、外見のパフォーマンスだけが高くて内面がともなっていないと、ハリボテになってしまい、見透かされてしまうのが人対人です。

そのため美容においては、中も外も自分磨きをするという意識が大切になってきます。内面を磨くと知的さが出てくるので、外見をあえて派手にしたり、個性を強く出したりしても、それが戦略として評価されます。

人としての軸をもって武器を操ると考えると、内面が美しくなることで使える武器が増えることもあるでしょうし、反対に武器の質が上がることで操縦がうまくなるということもいえるでしょう。

私が芸能人の外見におけるプロデュースを頼まれたときに、髪型やスタイリングだけでなく、生活スタイルや挨拶の仕方なども伝えるのはこのためです。

外から内も変わるし、内から外も変わります。この章では、内面の美しさについても紹介していきましょう。

21

心は変えられるネガティブ美容は心でなくて脳のせい

「変わりたいけど変わりたくない」という心理を紹介しました。美容では、「私はかわいくない」「どうせやってもキレイにならない」といったネガティブな心理もよく見られます。

これらは心の作用で、**「心や考え方を変えるのは難しい」と捉えられがちですが、心を支えているのは脳**です。脳には、思考や想像、機嫌や不機嫌といった感情の形成する役割があります。心の病気になると脳の働きの異常が認められますが、心の病気は脳の働きのバランスがくずれたことによって起こります。

つまり、**ネガティブな思考は「そう思ってしまうからしょうがない」ではなく、自分の意識や考え方次第で変えることができるもの。**脳は使えば使うほど、鍛えることができるのです。

例えば、笑顔。「楽しいことや嬉しいことがないのに笑えない」と思うかもしれませんが、笑顔はつくれます。物理的に口角を上げれば、笑顔になるからです。さらに、口角を上げて笑顔をつくるだけで脳は幸せだと感じて、幸せホルモンといわれるセロトニンが分泌されます。笑顔でいようという意識から、実際に幸せな気分にもなれるというわけです。

これは自分自身をマネジメントするということにもつながりますが、髪型やファッションといった外見だけでなく、笑顔といった表情や言葉、思考も自分で選択することができます。頭の外（髪）も中（脳）もフルに使って、キレイになりましょう。

まずは、自分自身が**「どうせ」「無理」「私なんて」といったネガティブワードや表情を選んでいないか、気づくことから始めてみましょう。**外見だけでなく、心も自分で選んだアイテムでつくられています。

22

「私、しないタイプ」と決めつけない

「私パックとかしないタイプだから」「走るのとか無理」「お肉は食べないようにしている」などなど、美容に関してなにかしらのスタンスをもっていらっしゃる方も多くいます。

もちろん、自分の意思をもつことは悪いことではありませんし、それがうまく機能しているなら問題ないのですが、肌が乾燥してきたとか、年齢を感じるようになってきたなというときに、今までのスタンスが通用しなくなることも考えられます。

「私はこうなの」で終わらせるのではなく、どうしてそういう考えにいたったのか、人にきちんと説明ができるでしょうか？ 自分がやっていることと反対のことをやれというわけではありませんが、スタンスがただの決めつけになってしまっているなら、見直す必要があるかもしれません。

「毎日使っているコスメが合わなくなってきた」ということはよくありますし、乾燥や肌荒れなどがあれば実感としてもわかりやすいですよね。でも、今までとり入れていなかったことに挑戦するには勇気が必要です。

髪型を変えるのももちろんそのひとつ。お客様で「私は顔が丸いから」「目が小さいから」「ショートは似合わないから」などと決めつけている方もいらっしゃいますが、髪型を変えてキレイになれない人はいません。

美容に対して、食わず嫌いなものがあるとしたら、自分で自分をカウンセリングする機会をつくってみるのもいいでしょう。

23 「クリスマスまでにキレイになる！」ではキレイになれない

キレイになるための美容法は多種多様です。雑誌やテレビ、インターネット、口コミなどいろいろな情報や手段がありすぎて、何をやっていいかわからないという人も多いでしょう。それは**髪型と同じで、「コレをやったらキレイになれる！」という万人に共通した絶対的な手段があるわけではない**からです。

ある人は自分の肌に合うスキンケアを見つけることかもしれないし、ある人はランニング、ある人には、なにより睡眠時間が必要かもしれません。

でも、とにかくやってみないと何が自分に合うかはわかりません。

本を読んで知識を収集することはキレイへの第一歩ではありますが、ひとついえることは、**いいパックを買っただけでは効果がない**ように、知識ばかり収集して頭でっかちになっても実際に行動に移してみないとキレイにはなれないということです。知識&トライによって初めて、プロセスになります。

この本で紹介していることでも、友人から聞いたことでも、ピンと来たものや気になる方法があったらひとつでも試してみてください。**ひとつだけ選んでやり通してみると、脳にアドレナリンが出て、ひとつ以上の結果が出てきます。**そこから、さらに自分なりのアイデアが出てくるかもしれません。

今やるべきことは「クリスマスまでのキレイ化計画」を頭で考えることではなく、今この瞬間からすてきになると決断し、ひとつでも行動に移すこと。

かわいい、キレイ、すてき、かっこいいと感じる美容法を実際に生活にとり入れてみてください。

24

美容の感情系脳番地を鍛える

脳には「感情系脳番地」という感情を司る部分があります。

ネガティブ思考やイライラ、クヨクヨなど、ちょっとしたことで感情が乱れてしまう人はこの感情系脳番地を鍛えるのがいいといわれます。

例えば、仕事にやりがいを感じられる会社に転職する、引っ越しをして環境を変える、旅行に出かける、彼と別れるなど、マンネリから脱出したいと思っていつもと違う刺激を受けると、脳も刺激されて心機一転となります。

シンプルに人生を良くしよう、今よりプラスに変えようと思う人だけでなく、今の環境から逃げたい人もそう。いわば本能で、いつもと違うことをして感情系脳番地を鍛えようとします。

ただ、**美容に関することは、自分でいつもと違うことをやってみようと意識しないと変わりません。**仕事なら、成長しないと上司に叱られたり昇給につながらないという危機感がありますが、よほどのことがないかぎり美容でマンネリしているからといって誰かにとがめられることはありません。

お客様で、日頃のストレスから自分で髪を抜いてしまい、その部分から髪が生えてこなくなって悩んでいるという方がいました。その方は、アスリートとして体をつくるという目標ができてから髪を抜かなくなり、髪が生えてきたそうです。

美容室を変える、最寄駅からひと駅先まで歩いてみる、いつもはつけないラグジュアリーな下着をつけてみる。どんなことでもいいので、いつもはやらないことをして感情系脳番地を刺激してみてください。**美容の場合は、トライした分だけキレイにつながっていきます。**

25 キレイな人の真似から入って理解系脳番地を刺激

感情系脳番地の話をしましたが、脳にはいろいろな脳番地があり、その中のひとつに「理解系脳番地」と呼ばれる部分もあります。

理解系脳番地は、物事や言葉を理解することに関係する脳番地です。職人さんが師匠のやっていることを見て学び、真似をすることで成長していく工程など、目や耳を通じて得た情報を理解することで活性化されるところです。

仕事で先輩がやっていることを真似てみる、レシピ本を見て料理をつくる、というのは皆さん自然とやっているかと思いますが、真似は美容のツールとしても使えます。

美容に自信がない方は、まずは真似から入ってみましょう。**キレイだな、すてきだなと思う人がやっていることを聞いたり盗んだりして、具体的に真似てみてください。**

今は憧れのモデルさんや女優さんがインスタグラムなどで自分の使っているアイテムや私服を紹介しています。まずはそれらを見て、とり入れられそうなものを真似て、美の理解系脳番地を鍛えていきましょう。

とはいえ、その人の私服を完全にコピーしたからといってその人になれるわけではありませんし、自分の個性になるわけではありません。そこから自分らしさにつなげるためには、アレンジが必要です。

大切なのは、すてきだと思う要素を〝美のヒント〟としてとり入れること。何も考えずに完コピするのではなく**「自分だったらどうするか」と考えて美の物事を選ぶことで、内面も外見も磨かれていくのだと思います。**

26

美容が本番を迎えるのは50代から

脳は年をとってから本番を迎えます。

20代は、何も考えなくても体は健康で、髪や肌がツヤツヤしています。30代になると体に不調が出てきたり、今のままでいいのかと考え始める過渡期に入ります。さらに40代は、代謝が下がって今までと同じように食べたら太る、シワやシミが増えるなど、健康も美容もそのままでは維持ができなくなってきます。

そして50代。**美容の老化は避けられない一方、経験からくる考察力や人間力、感情力など、脳の力でキレイを支えるようになります。**体が衰えていくリスクへッジのために、脳をどんどん使えるようになってくるのです。この、脳を使うという行為によって、美容は死ぬまで輝き続けることができます。

髪型でいえば、若い頃はロングヘアをシュシュでひとつに結んでいるだけでも様になっていたものが、だんだんと髪がやせ、少なくなり、細くなっていき、〝普通〟の髪型が似合わなくなってしまいます。髪のケアをしなければ普通どころか〝マイナス〟なイメージに見えてしまうので、キレイにしようという意識が出てきます。つまり、老化のリスクヘッジのため、若い頃以上に脳を使うようになります。それによって、**髪型を個性的にデザインしたほうが、残りの人生をすてきに生きることができると気づく**のです。

しかも、若い頃のようにモテを意識しなくていいので、ゆるふわでいる必要はありません。自分の個性もわかってきて、ショートカットやグレイヘアという武器を自由に楽しめます。今、マダムのヘアカタログが増え、グレイヘアに注目が集まっているのもそのことに気づいた中高年の方が増えたからだと思います。

もし年齢を理由に〝なりたい自分〟をあきらめている方がいるなら、それはナンセンス。**個性的な美が発揮されるのは、脳の力が本番を迎える中高年から**です。

27 相槌を打ってコミュニケーション&美容力をアップ

相槌というのは、相手の話を聞いているというサインです。自分のためではなく、相手のためにするものですね。

実は、**相槌を打つことは非常に美容にいい**のです。

相槌は、お客様とコミュニケーションをとる美容師にとって非常に大切な行為です。お客様にご自身のことを話していただき、「この人ともっと話したい」と思っていただかないと信頼関係を築けません。

相手のための相槌なので、親しい仲になればなるほど相槌をさぼりがちになります。親との会話、夫との会話、マンネリ化してきた彼との会話などを思い出してみてください。そもそも会話がないという方もいるかもしれませんが、それも相槌をさぼることでお互いの付き合いが横柄になってきた結果だと思います。

女性は〝見られている〟という意識がなくなると、美しい方でもボヤッとした印象になります。仕事などでいろいろな人の目がある社会の中にいると嫌が応でもボヤッとすることはできませんが、仕事以外の週末に家にこもっていたり、家庭に入って誰とも会話していないという状況が続くと、美容の意識が薄れてきてしまいます。

これまでもお伝えしてきたように、脳と美容はリンクします。脳を退化させないためにも、自分以外の誰かと話をするときは、それが家族であっても相槌を打ち、人の話をきちんと聞きましょう。**相槌は相手のためだけでなく、自分の美のためでもある**のです。

28 肌の亀裂は、心の亀裂 インナービューティを大切に

肌や髪がパサついているときは、心も錆びて亀裂が入っている証拠です。常にウルウルにはしていられないけど、疲れすぎて髪を乾かさずに寝てしまう、化粧水を塗り忘れるというのは、自分を大切にしていないときのサイン。外見だけでなくインナービューティを意識して、生活を見直しましょう。

UMiTOSが内面のキレイのために大切にしているのは、視覚、聴覚、嗅覚、味覚、触覚と、五感を鍛えることです。

普段、美術館に行かない人はアカデミックなところへ行って刺激を受けるのも

おすすめ。反対に、そういった場所によく行くという人は、大自然でマイナスイオンを浴びるなど、いつもと違うところに行けば感情系脳番地も鍛えられます。

社員研修で田植えをしたことがあるのですが、いつもはおとなしい天才肌のスタッフが田んぼで泥に足を突っ込んではしゃいでいるのを見ると、脳が喜んでいるなと感じます。仕事が忙しいときほど、背中の荷物をおろして海などいかがですか? 心がピンチのときこそ、サプリになる場所へ出かけましょう。

また、**私がエステに行く以上に効果があると思っているのが、毎日湯船につかることです。**ホルモン再生、肌のターンオーバーを考えるとシンデレラタイムである22時から2時に睡眠をとることも大切ですが、毎日は難しいかもしれません。でも、湯船にしっかりつかれば1時間分の睡眠をカバーできる気がします。

ありきたりと思うかもしれませんが、今まで出会ったキレイな人に共通しているのが、この湯船につかる美容法です。**キレイになると覚悟を決めたら、やれることから始めましょう。**人は生活を変えると、性質も変わります。

29

鏡を磨くと女が磨かれる

風水では、鏡は美容運を左右するといわれています。洗面所の鏡に水アカや汚れがついているようではキレイになれません。たしかに、鏡の汚れた美容室には行きたくないですよね。

洗面所にかぎらず、家の中の鏡を磨くととくに肌や髪に効果が現れやすいそうなので、家中の鏡をピカピカに磨く習慣をつけるといいでしょう。**トイレを磨くと人道が、鏡を磨くと女が磨かれるような気がします。**

ところで、自分の顔や髪、全身など、自分のことを毎日鏡でじっくり見ていますか？　鏡と向き合うということは、つまり鏡を通して自分の外見と向き合うということ。毎日、自分を客観視する時間をもてているでしょうか。

心の余裕がもてなくなると、鏡を見る時間がだんだんと短くなります。そうすると、鏡が汚れていても気づかない。さらには目をそらすようになってしまい、キレイが遠のいていきます。

1日1回鏡を見ないことを、肯定しないでください。見る習慣づけによって、鏡を磨く習慣も身につくはずです。

そもそも鏡を見るのが嫌い、手鏡をもち歩かないという人は、美容を任せられる凄腕の美容師のところへ、いち早く駆け込んでください。**すてきな髪型にしてもらったら、変わった自分を確認するために鏡を見るようになるはず。**その自分をキープしたいと思うから、毎日鏡を見ることが習慣になるでしょう。鏡を見るのが楽しくなったら、もう大丈夫！

30 自分で自分を褒める！ コンプレックスはキレイの糧になる

日本では謙虚が美徳とされていますが、「私なんてダメ」と考えることは謙虚ではありません。

最近、子育てで「自己肯定感」という言葉をよく聞きますが、子どもにかぎらず美容でも自己肯定感は非常に大切です。

美容というのは、変化することに快感を感じるもの。自己肯定感をもっていないと、何か美容法にトライして失敗したときに「やっぱりダメだった」「私は何をやってもダメなんだ」と閉じこもってしまいます。**自分が自分をブスにしてい**

ることに気づけなくなってしまうのです。

自己肯定感があれば、チャレンジした自分をがんばったねと褒めてあげることができます。美容に前向きな人は、キレイ脳もぐんぐん育ちます。

とはいっても、「コンプレックスがあるから自己肯定感などもてない」という人もいるでしょう。

「顔が丸い」「目が小さい」「クセ毛」「頭が大きい」など、美容に関しては皆さん何かしらのコンプレックスをもっています。では、顔が丸いことや目が小さいことの、何がダメなんでしょうか？ **単に、自分の〝美〟の幅が狭いだけで、個性を武器にする方法を知らないだけではないでしょうか。**

美容師から見ると、**コンプレックスは個性**です。無理にコンサバ的な美にあてはめようとすると個性はコンプレックスになりますが、いかす方法を知れば武器になります。自己肯定感をもって素の自分を見つめれば、コンプレックスが武器に見えてくるはず。

視野が広くなると柔軟性や受け入れも広くなり、結果、いい女になりますよ。

31
「自分が好き」をわざわざ大切にしてみる

前項では、自己肯定感の話をしました。自己肯定感は人の評価によって左右されるものではなく、自分でもつものです。

これまで自己肯定感をもてずに生きてきたという人は、**「自分が好き」という感覚をわざわざ大切にする3日間を過ごしてみてください。**はじめは、「自分が好きな自分、自分がなりたい自分を演じる」という感覚でもOKです。

例えば、「物事の考え方が卑屈になってしまう」「すぐにイライラしてしまう」

という人は、口角を上げて笑顔を演じてみてください。女優になった気分で、台本に描かれた「いつも笑顔で美しい人」を演じるのです。

「自分が悪くなくてもすぐごめんねと言ってしまう自分が嫌」「本当は嫌でも断れない」という人なら、ツンとした強い女を演じてみましょう。

表情、言葉、行動を成り行き任せにするのではなく、自分でセレクトして3日間を過ごしてみるのです。

笑顔を選択した方は、自分が笑顔になるとミラー効果で相手も笑顔になることを知り、コミュニケーションが変わるかもしれません。ツンとした女性を演じた方は、自分の態度次第でラクになるとか、反対に頼られなくなって意外とさみしいとか、色々な発見があるでしょう。

その後の4日目、その自分を続けたいかどうか判断してください。笑顔がいいなと思って続けていれば、脳がクセになって演技がリアルに変わります。やっぱり元の自分がいいやと思えば、これまでの自分に自己肯定感がもてるでしょう。

短い時間でも違う人生観を背負って歩んでみることによって、今までの自分が違って見えるということがあるのです。

32 美容のオリンピックで目指せ金メダル

美容の手段はいろいろあって、何が合うかはやってみないとわからないとお伝えしました。まず、何かひとつ始めて続けてみる。その中で、**やっていて気持ちのいいこと、気分が上がることをルーティーンにしてみましょう。**でも、気持ちが乗らなくなったらやめていい。どんどんやり方を変えていってもいいんです。

美容をスポーツに例えてみましょう。アスリートは勝利のために日々練習をしますが、練習の方法はひとつではありません。筋トレの種類を変えたり、日によってやり方を変えるのは当たり前。**勝つために、自分のベストな方法を常にバージョンアップさせていきます。**

「何をやっていいかわからない」と言って何もしなければ結果は出ませんが、「腹筋をやってみたけど無理だったから腕立て伏せにしてみよう、次はスクワット」と何かしら試していれば筋肉は積み重なっていきますよね。美容も同じです。

キレイになるために興味をもったことをまずやってみる。その中から、ひとつでもいいからモチベーションが上がるものをルーティーンにしてみる。でも、気分が乗らなくなったらやめていい。キレイになるのが辛くなったらお休みしてもいい。体力が回復してきたら、またスタートしてみましょう。

その繰り返しで美容のテクニックや体力をつけ、自分らしさや得意分野を見つけていけば、地区予選から県大会、全国大会へ勝ち進んで美容のオリンピックで金メダルをとることだって夢ではありません。

諦めたら、そこで終わり。**体を動かさないと筋肉が落ちていくように、脳を使わず美容を諦めたら、あとは老けていく一方です。**

beauty
column
2

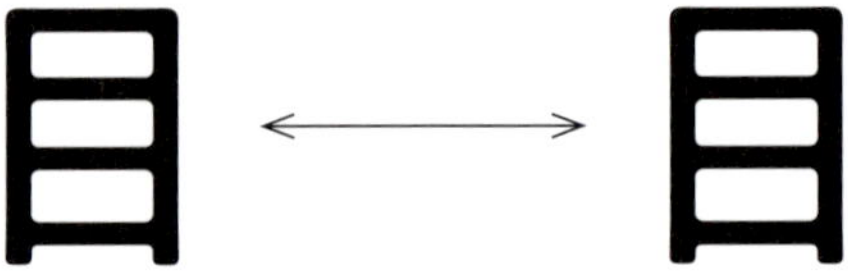

脳機能を高める
目の左右運動

表情筋の中でも目の周りの筋肉はとくに使っていない人が多いようです。さらに加齢にともなって筋肉が退化し、目元がたるんできます。目元のハリをとり戻すには、目の周りの筋肉である眼輪筋《がんりんきん》を鍛えましょう。おすすめのトレーニングは眼球の左右運動。顔は前を向いたまま、視線を左右にゆっくり動かします。左右だけでなく右斜め上から左斜め上へ、また右斜め下から左斜め下など、方向を変えて何度か繰り返してみましょう。時計の針のようにゆっくりと眼球を回すのも効果的です。目を動かす筋肉を大きく動かすことは、疲れ目の改善や脳のリフレッシュにもつながります。

また、頬骨の上に人差し指をおいて左右の目でそれぞれウインクしてみてください。ウインクのしにくいほうは、筋力が衰えていると考えられます。ゆっくりウインクすることも筋力アップにつながるので、普段使わない筋肉を意識して動かしてみてください。

CHAPTER

3

知っておきたい髪のこと

33

自分の髪と顔のタイプを知る

自分の個性を知ってそれをどういかすか研究することは、キレイへの近道です。一般に、顔の形というのは丸顔、面長、卵型、逆三角形などといわれます。

ヘアスタイルをつくるうえでいちばんバランスがいいとされているのは「卵型」です。基本的には、**いろいろなタイプの顔の形を理想の卵型に近づけていくために、髪型で「ひし形」のシルエットにしていくとバランスがとりやすくなる**とされています。

ただ、これらのバランスは一概に決めつけられるともいいがたく、バランスというのは無数に存在します。まずは信頼できる美容師に見てもらって自分の顔型の特徴を知り、そこから少しずつタイプに合う髪型のバランスを研究するといいと思います。

またヘアスタイルのイメージにおいて、ロング、ボブ、ショートといった髪の長さと同じくらい重要なのはボリュームです。

いくらロングで女性らしいスタイルといっても、トップのボリュームがぺちゃんこでは台無しです。活発な印象のショートでも、サイドにボリュームをもたせすぎると全体が真四角になって頭の大きな印象になってしまいます。

大切なのは、**髪の特徴や長さに合う的確なバランス。そして、それをアドバイスできる美容のプロを味方につけること**です。

ここだけの話、〝なりたい自分〟と〝見られている自分〟から、適切なバランスの落とし所を見つけ、各々の個性をいかしてくれる美容師がいれば、**お客様自身がバランスを考える必要はない**のかもしれません。

丸顔

特徴
- 日本人にいちばん多い形
- 実年齢より若く見られがち
- ふっくらした頬と丸い顎

抜け感を出しながらクールな感じを狙う。トップに高さを出すとバランスがとりやすい。ツイッギー風やウルフなどレイヤーをいかしたカットやアシンメトリーなスタイルが似合う。片方だけ耳にかけるのもいい。

面長

特徴
- シャープで大人っぽい
- 目と目の感覚が狭め
- 地味な印象になりがち

目の上ギリギリから眉下に前髪を設定することで小顔効果が出る。毛先に遊びのあるボブでサイドに動きを出すとバランスよし。サイド広めの前髪をつくって目線を横にもっていかせると、縦の長さをカバーできる。

三角顔

特徴

- シャープな長いあご
- ほっそりした顔立ち
- ハチが張っている

シャープな印象でキツく見られがちな場合は前髪をラウンド気味にしたり、サイドにボリュームを出してふんわり見せる。顔の小ささをいかすなら、ふわっとやわらかさをもたせたショートもおすすめ。

ベース顔

特徴

- 骨格がしっかりしている
- エラやハチが張っている
- 男っぽいイメージ

顔周りを出しすぎず、フェイスラインに動きを出したボブにするとシルエットをカバーできる。直線的な印象をやわらげるなら、トップを中心にふんわりさせて目線を上に。サイドやバックにもやわらかさを出す。

1

小顔に見せたい

顔のタイプにかかわらず、顔が大きいことや大きく見えることを気にしている方は多くいます。顔といっても、顔単体で見られているわけではなく、顔と髪型はセットで印象ができているので、**実際は髪型でうまく見せている人と損している人がいる**ということになります。サイズ感を考えると、顔を出す面積を少なくすると全体のバランスから顔が小さく見えるということになります。前髪をつくって額を隠したり、髪の毛が頬にかかるようにカットしてエアリー感を出すといったカットにすると、顔と髪がなじんでバランス的に顔が小さく見えます。

ただ、**前髪を短くしておでこを出したほうが雰囲気が出るというときは、本人のお許しを得てあえて出すこともあります。**それによってムードが出てチャームポイントになることもあるんです。

bob
ボブ

トップはふんわり動きを多めに

ボブなら、毛先に動きをつけて外側へのアクションをつける。ベストな長さは人によってそれぞれだが、リップラインから首までのラインで選ぶと顔の大きさをカバーしやすい。

medium
ミディアム

ラフ感のあるミディアムスタイル

レイヤーを高めに入れてラフなスタイルにすることで動きが出るので、目線が髪のほうにずれて小顔に見える。エラや頬骨が気になる人にもおすすめのスタイル。

long
ロング

バランス的にロングはコンプレックスを軽減

ロングの場合、顔と髪のバランスで考えると、外見における髪の面積の割合が大きくなるため小顔効果がある。長めの前髪にして、全体にエアリー感のある印象に仕上げたい。

②

顔が怖いと言われる

「顔が怖いと言われる」というお悩みをよく聞きますが、そういったお悩みをもつ方はラインが直線的で強いイメージの髪型をしている方が多いです。つまり、**顔ではなく髪型から印象づけられているのかもしれません。**猫で例をあげると、猫の気持ちは人間からはわかりませんが、ツンとしている猫でもシャムやアビシニアンなどキリッとした毛並みの猫はクールに見え、ペルシャやチンチラのようなふんわりした毛並みをもった猫はやわらかく見えます。このことから、髪のトーンを明るめにしてニュアンスの出るパーマをかけると、それだけでやわらかい印象になります。ただ、怖いと言われる方は、そのクールなイメージを使ってブランディングするのもおすすめ。**自分の個性をどう使うか。隠すこともいかすこともできるのが、髪型です。**

bob
ボブ

全体的に丸みのある ふんわりシルエットに

印象を大きく左右する前髪をはじめ、顔周りをかわいらしく動くレイヤースタイルにしてやわらかさを出す。全体的には丸みのあるシルエットに。明るめのカラーリングも効果的。

medium
ミディアム

直線的な顔のラインを 頬周りのヘアでカバー

全体にレイヤーを入れ、動きを出してやさしい丸みをつくる。直線的な顔の骨格を、前髪や頬周りのヘアでカバーし、触りたくなるようなふっくらさを演出する。

long
ロング

短めの前髪で かわいらしさを演出

ストレートよりやわらかなカール感のあるロングがおすすめ。ゆるやかにパーマをかけ、カラーを茶系にするとやさしげな印象に。前髪を短くしてかわいらしさを出すのも効果的。

34

自分の髪質を知る

髪の毛は、ケラチンと呼ばれるタンパク質が主成分で、大きく分けて「キューティクル」「コルテックス」「メデュラ」の3層に分かれています。

表面を覆っている「キューティクル」は、髪の根元から毛先に向かってうろこのように並んだ透明な細胞で内部を守っています。その内側にあり、髪全体の85%を占めていて髪の毛の弾力を出すのが「コルテックス」。そしていちばん中心にあるのが「メデュラ」で、これは元々ある人とない人がいて役割がわかっていません。

髪の毛の太い細いの違いは、「コルテックス」の量で変わってきます。多ければ太くなり、少なければ細くなります。ある程度は先天的なものですが、日頃のケアやカラーリング、パーマなどの施術でも変わってきます。

髪質の硬いやわらかいの違いは、「コルテックス」「メデュラ」のケラチン密度によって変わってきます。ケラチンが凝縮していると硬くなり、ケラチン密度に余裕があると水分が入り込む余地があるため、しなやかになります。

さらに、表面を覆う「キューティクル」が厚いほど硬く、薄いほどやわらかくなります。そのため、**やわらかい髪の人は外部からの刺激を受けやすくダメージが進行しやすいといえます。**

髪の毛のクセのタイプは、繊維状のタンパク質の結合状態によって変わります。シャツのボタンのように均一であればまっすぐですし、掛け違えたような結合ですとクセ毛になります。近年はダメージの少ないストレートパーマも多くあるので、クセ毛に悩んでいる方はぜひ美容室で相談するといいでしょう。

髪の毛の特徴やクセは指紋と同じで、その人にしかない個性でもあります。うまくクセをとり入れた髪型を楽しむのも、オンリーワンでおすすめです。

3

髪の毛が太い、硬い、多い

髪の毛が硬く太い方は一般的に広がりやすく、実際にそれほど本数が多くなくても多く見えるという傾向があります。この場合、**毛先にいくにしたがって細く見えるようなカットを施します。**あえて毛先が直線的なぱっつんラインを使ったスタイルにしてもかわいいですが、やわらかなイメージを出したいときは、髪のボリュームを減らしてやわらかさや繊細さを演出します。

硬く太い髪の方がトップやサイドにパーマをかけると、ハチ部分が強調されたり、ボリュームアップでさらに広がって見えたりしてしまうので、パーマを入れる場所には注意が必要です。ロングの人が毛先にパーマをかけると、やわらかい印象が出るので効果的。カットだけでなく、髪色のトーンを明るめにして肌色になじませてもいいでしょう。

bob
ボブ

毛先を軽く仕上げて全体に透け感を出す

顔周りをすいて動きを出し、透け感（エアリー感）を出すようにカットする。硬い髪でも透け感があれば、軽やかなイメージに仕上がる。前髪は長めにして動きを出して。

medium
ミディアム

耳にかけて面積を減らしメリハリをつける

髪が太いあるいは硬い人は、適度なボリュームが出るので、ボブからミディアムのスタイルがよく似合う。サイドの髪を耳にかけるだけで髪の面積が減ってコンパクトに見える。

パンクヘアには最適あえて選べば個性に

短すぎる前髪やベリーショートは、髪がツンツンと立ってボーイッシュになりすぎるかも。あえて個性的なパンクヘアを狙うのであれば、その硬さや太さがいきる。

④

髪の毛が細い、やわらかい、少ない

髪の毛が細い、コシがない、少ないことで悩んでいる、いわゆる猫っ毛の人には、ボリューム感の出るパーマスタイルをおすすめしています。また、髪の毛の色が明るすぎると肌となじみすぎてより少なく見えてしまうので、トーンを落としてダークカラーにするといいかもしれません。

ショートにするならトップにレイヤーを入れて丸みを出したいところです。

汗や湿気ですぐにペタリとなってしまう方は、カットだけでなくスタイリングもポイント。ドライヤーをかけるときは上から下になでつけず、根元を立ち上げるよう意識するといいでしょう。また、油分が多く重たいスタイリング剤は使わず、軽さの出るスプレーなどでボリュームをキープ。スタイリング剤を根元につけないことも大切です。

short
ショート

やわらかさをいかした女性らしいショートに

トップからレイヤーの入ったシルエットにすると、髪のやわらかさからニュアンスが出て色気のあるショートに。ゆるふわ感が出るのでショートでもかわいらしさが実現できる。

medium
ミディアム

長さを問わないマッシュヘアー

この髪質タイプの特徴である“おさまりのよさ”をいかすことができるのがマッシュヘアー。長さは自由で、軽めでも重めでもかわいく仕上がるので、ぺたんとなる髪に便利。

分け目を強調すると髪をより薄く見せてしまう

分け目がはっきりした長めの前髪は、髪の薄さを強調してしまうのでNG。マイナスオーラが強くなるので要注意。ペタリとならないよう、レイヤーを入れて軽やかに仕上げて。

35

美しい髪のための地肌について

ツヤツヤとした美しい髪の毛を維持するためには、頭皮環境を整えて保つことがとても大切です。ストレスや食の偏り、睡眠不足、紫外線などによる頭皮サイクルの乱れは、さまざまなトラブルを引き起こします。

頭皮の皮脂は、外部の刺激から守る役割があり、健康な皮膚を保つのに必要な菌のバランスを保つ働きもあります。

頭皮のベタつきや臭いが気になるという方は、頭皮サイクルの乱れによって皮脂の分泌が増えすぎていることが考えられます。

サイクルが乱れる原因は、暴飲暴食や運動不足、自律神経の乱れなどさまざまですが、頭皮が脂っぽいからといってシャンプーをしすぎることは逆効果です。対応策としては、弱酸性の状態に保つ適切なシャンプーを選び、地肌を引き締めることです。

また、古い頭皮は通常のサイクルで毎日はがれ落ちていますが、サイクルが乱れてくると一時的にはがれる量が増え、フケとして目立ってきます。つまり、フケが気になるというのは頭皮環境が乱れているサインなのです。

原因として考えられるのは、シャンプーの洗浄力が強すぎて必要以上に皮脂をとりすぎていることや、**シャンプーやトリートメントのすすぎが足りず、成分が頭皮に残ってしまっていることがあげられます。**

あるいは、ドライヤーの温風のかけすぎで頭皮の水分が蒸発してしまっている可能性も考えられます。

シャンプー選びについては122ページで、シャンプーやドライヤーの基本の方法については第4章で紹介しているので、頭皮のトラブルが気になる方は、見直してみてください。

36 頭皮の臭いは内側から インナービューティでしっかりケア

前項でもお伝えしましたが、頭皮が臭ってきた、ベタつきが気になるといった頭皮サイクルの乱れには、食生活の乱れや睡眠不足によるホルモンバランスの変化といった体の内側の状態が大きく関わっています。関係しているどころか、**髪や肌は、日頃の生活やそれによる体の内側の状況を示すバロメーターであるといえます。**

頭皮の臭いが気になりだしたら、シャンプーなど外側からのヘアケアだけでなく、インナービューティを見直し、内側からもしっかりケアをしましょう。

食事では、アルコールや脂っぽい食事のとりすぎに気をつけ、皮膚の代謝を改善するビタミンCやBを多くとるといいでしょう。

睡眠不足は、ホルモンバランスを崩し、皮膚の抵抗力を低下させるので要注意。ストレスもインナービューティを乱れさせる原因になりますので、日頃から疲労をためない環境づくりを心がけましょう。

また、**髪を乾かさずに寝ることは、頭皮の雑菌を増やすいちばんの原因になります。**一度でも髪の毛が濡れた状態でベッドに入ってしまったら、枕が雑菌まみれになるといっても過言ではありません。**どんなに疲れていても「メイクだけは落とそう」と考えている方は多いと思いますが、同様に「髪の毛だけは乾かそう」という意識も大切**にしてください。シャンプーをしっかりすすぐ、しっかり乾かす。その基本的なところを怠ると頭皮は臭ってきます。

臭いやベタつきだけでなく、フケがたくさん出るようになったり頭皮にかゆみや炎症が伴う場合は、脂漏性皮膚炎の可能性も考えられます。頭皮カビと呼ばれるカビの一種が原因と考えられる皮膚炎なので、症状を繰り返す場合は皮膚科など専門医での診療をおすすめします。

37

似合う髪色の見つけ方

髪の毛を切るのと同様、髪色を変えることでも印象が変わります。

髪色を決めるときは、髪型と同様に「かわいくなりたい」「かっこいい大人女子」「仕事ができる人になる」など、自分がなりたいイメージを描きます。それを美容師と共有し、どんな髪色にするかを決めていくことが基本です。

なりたいイメージが決まったら、具体的に色のトーンや色味を選びます。大まかにいうと、**活発な明るいイメージであれば明るめのトーンで赤系やオレンジ系に、落ち着いた大人っぽい印象ならダークトーンのカラーリング**、例えばアッシュやオリーブ系の色味を選びます。色をポイントで入れるなど、カラーリングは多種多様です。方向性が決まったら、ひとりひとりに似合わせる作業に入ります。カットでいうなら、その人の髪質や骨格を見極めて切っていくのと同じように、カラーも肌や瞳の色などを考えて、なりたいイメージに近づけます。

最近は、肌色や瞳の色、骨格などからパーソナルカラーを割り出す診断サイトが多くあり、似合う髪色を知る参考になります。美容師やコスメコーナーの美容部員の中にも、カラー診断をできる方がいるので直接聞いてみるのもいいでしょう。**自分の好みよりも客観的な視点をとり入れるのがポイントです。**

また、市販のカラーリング剤が増え気軽にセルフカラーリングができるようになりましたが、髪質や髪の状態は十人十色のため、カラー剤の色見本通りに色が出るかはわかりません。また、どうしても色ムラができてしまうため、セルフカラーリングはおすすめできません。基本的には、**カラーリングの希望があれば美容師がカットとカラーをトータルで考えるのでおまかせでOK。**カットもカラーも、あくまでどんな人になりたいかを表現するツールです。

38

「染まりづらい」「すぐに色が抜ける」ヘアカラーのお悩み対処法

ヘアカラーの仕組みは、カラー剤のアルカリ成分が髪の表面をうろこのように覆っているキューティクルを開かせ、その隙間からカラー剤を浸透させるというものです。それによって、髪の色の元になっているメラニン色素を脱色。その後、染料成分が発色して髪の色が変わります。一度発色した染料は元の形より大きくなるので、キューティクルの隙間から出ていかず定着します。

一般的に、**細くてやわらかい髪、茶色い髪、カラーやパーマでダメージを受けている髪は染まりやすく、硬くて太い髪、黒髪、健康な髪は染まりづらい**とされています。

色素が定着するか抜けやすいかは、髪質や髪の毛の痛み具合によっても異なりますが、カラー剤の色が明るいほうが抜けやすく、暗いほうが抜けにくいという特徴があります。

また、カラー後の日常のケアも、色を長持ちさせるために非常に重要です。カラー直後は、まだ髪の内部で色素が定着していません。**色素は約48時間かけて定着していくため、その間はシャンプーを控えるのが理想的。**どうしても気になる場合は、24時間あけてからぬるま湯で髪をすすぎ、トリートメントで整える程度にしておきましょう。その後も洗浄力の強いシャンプーの使用をひかえ、カラーの定着を持続させるシャンプーを使ってください。

美容室では、髪の状態に合わせて適切な薬剤を調整できるので、カラーを長く楽しむためにもプロによるカラーリングがおすすめです。美容室へ行く時間がなくリタッチをセルフで行いたいという方は、186ページの「失敗しない白髪の根元染め（リタッチ）の方法」を参考にしてください。

39 髪型は「木を見るな、森を見ろ」

これまでにもお伝えしてきたように、信頼できる美容師とともに髪型をつくりあげれば、顔が丸い、もしくは大きい、髪が多い少ないといったパーツの個性が印象に悪影響するということはありません。

また、「前髪が短いのはいや」「肩より短くはしたくない」など髪の長さにこだわる方がいますが、ポイントだけで見てもキレイにはなれません。

髪は印象を左右するとお伝えしましたが、体を含めた全体のフォルムを俯瞰で見たうえで判断するのが賢明です。つまり、**頭から上だけで判断するのではなく、全身に対しての首の長さや姿勢、肩幅などを意識したほうが、自分らしいバランスを発見できるということです。**

なにより「木を見るな、森を見ろ」という言葉でお伝えしたいのは、**美容を髪型やメイク、ファッションといったパーツを別々に見るのではなく、全体のムードで考えてほしいということ**です。どういうムードを発するために、どういう髪型を選択するかという意識をもってほしいと思っています。

〝なりたい自分〟が仕事でのパフォーマンスアップとすると、例えばクリエイティブやアパレルならセンスを感じさせつつ、できる女のムードを発したい。そのためには、どういった髪型やファッションにすれば武器になるか、という考え方でそれぞれのパーツを選んでみてください。

髪型は印象を決める重要なパーツだけど、あくまでパーツ。髪型だけで完成形を求めても意味がありません。**「女性なんだから一生ロングで」なんて考えでは、求めるムードを身につけることはできません。**

40

美意識の幅は意外と広い　モテないとされる髪型を選んでみては？

美しい、キレイといった美意識の方向性はひとつではありません。ひと昔前なら、女性のほとんどはコンサバ系でしたが、いまやキレイの価値や美への感覚は広がり続けています。ここ数年で日本の美容は見違えるほどに進化していると思います。

わかりやすいところではアナウンサー。これまで清潔感か高級感、どちらかのムードをまとったコンサバ女性の独壇場だった世界ですが、今ではショートカットの方も増えてさまざまなタイプの女子アナが活躍しています。私がある女子アナをショートボブにカットしたら、人気番組のMCでブレイクし、その後フリーアナウンサーに出世したということもありました。

まだまだコンサバ系が多いのは確かですが、**世の女性たちが自分の個性をいかせるまでには、美意識が広がってきている**のではないでしょうか。

これまで世の中が思う〝モテ〟や〝女性らしさ〟を気にしてマンネリ化してしまった方には、世の中的に〝モテない〟とされるスタイルをおすすめします。

「自分らしい髪型を選びましょう」や「個性を出しましょう」というと、ほとんどの人が、自分らしさや自分の個性がわからないと言います。そういうときは、**一般的な〝モテ〟の要素を外したヘアスタイルを選んでみては？**と提案します。

ロングだからモテるわけではありませんし、ショートでも「女っぽい」スタイルはつくれます。**頭の中のコンサバな美意識を外してみると、自分の好きなイメージや個性がつかみやすいと思います。**

ちなみに、「モテを狙わない髪型のほうが自然な自分らしさが出て、結果的にモテる」というのは、よくあることです。これは髪型だけでなく、〝モテそうな髪型〟に縛られていた心が解放されるという、心理的な変化も大きいでしょう。

41 ショルダーバッグ派には ショートがおすすめ

ここまで読んでいただいてお気づきの方もいらっしゃるかと思いますが、私は日本女性のショート人口をもっと増やしたいと思っています。

というのも、**髪色が黒く、欧米に比べて小柄な日本人にはショートがよく似合う**のです。むしろ、ショートが似合わない人はいません。

ショートのほうが個性が出せてムードをつけられるのに、コンサバな美意識からショートを選ばない人が多いのが日本の現状だと思っています。

もちろんフラダンスをしている方など、意図的にロングヘアを選んでいる方もいらっしゃいますが、無難なロングやミディアムを〝とりあえず〟選択している人も多いのではないでしょうか。それくらい、**ファッションでいうところの制服のようなロングやミディアムが多い**のです。

日本の女性がなりたい自分や個性を本気で考えて髪型を選ぶようになれば、もっとショートヘア人口が増えると思います。ショートが基本で、武器としてミディアムやロングを選ぶというくらい、美意識が広がっていくといいですね。

なかでも、**普段ショルダーバッグを使っている方にはショートをおすすめ**します。ショルダーバッグ派は、荷物をたくさんもっていても手が空く自由さを無意識に選んでいます。**手の自由度＝自由を求める度合い**です。身軽でいたい、自由でいたいと願うクリエイター系が多いのも特徴。ショートを選んで見た目にも身軽になることで、より運が開けることでしょう。

その理論でいくと、アーティスト系はリュック派が多いと感じます。リュックなら手は完全にフリーで荷物に左右されません。自由度マックスなリュック派さんには、ショートだけでなく超ロングのおさげ三つ編みもお似合いですよ。

42

魅力やムードはリズムで決まる

世の中、ほとんどの物事はリズムで決まると思っています。

美容室でのカウンセリングもリズム、カットもリズム。迷いながら、もたもたカットする美容師には、大事な髪型を任せるのに不安になります。

美容師にかぎらず、できる人はリズムをもっています。分野によってさまざまなリズムがあると思いますが、ゴールに向かって迷いなく進めることができる点は共通しています。

仕事の話だけでなく、日常生活の些細なことにもリズムは必要です。朝のセットに長い時間をかけて結局その日の髪型がイマイチ決まらないという方や、化粧室の鏡の前でずっと前髪を触っている方がいますが、それはリズムがないから。いつまでやっても何度やっても、どうにかなるものではありません。**何をするにも迷いがあるなら、生き方自体に迷いがあることの象徴かもしれません。**

ちょっと話がずれますが、よく人や物にぶつかったり、物を落としたりするという人はリズムのない人だと思います。〝鈍臭い〟という表現がありますが、性格というよりは脳を働かせていないことが大きな原因ではないでしょうか。空間認識能力は意識で鍛えることができますし、時間を決めてやるべきことを逆算するといった意識をもてば、リズムを身につけることもできます。

ドライヤーをかけるのも、セットするのも、シャンプーだって。何事も、もたもたやらずにリズムを大切にする意識があったほうがキレイになれます。

もし、リズムをもってセットをしても髪型が決まらないのであれば、髪型を変えたほうがいいでしょう。本来、**コンセプトを見極めたプロの手が加わった髪型ならば、ムードづくりに時間はかかりません。**

43

手っとり早く気分を変えたいなら分け目を変える

普段、分け目はどうやって決めていますか？　美容室でシャンプーのあとに「分け目どちらですか？」と尋ねると、場所を指定できる方がほとんどですが、髪のクセがなければ、なんとなくで選んでいる人も多いと思います。

実は、分け目はその人の性格や心理状況を判断する材料になっています。

例えば、**左分けならロジック型で物事を論理的に判断している人。右分けなら感覚・感情型で、好きか嫌いかで物事を判断する人というように、分け目でイメージが変わります**（右目の上で分けている髪型が右分け、左目の上で分けている髪型が左分けです）。

また「本音は顔の左側に出る」といわれているため、顔の左側を目立たせるのは本来の顔を見せているといえます。右分けにして顔の右側を目立たせるということは、外交用の顔を見せているということです。

つまり、見せたい自分に応じて分け目を変えることでイメージ操作ができるのです。髪型が同じでも分け目を変えることで印象がガラリと変わるので、手っとり早くマンネリを脱出したいという方や、なんだか気分が重いという方は分け目をいつもと反対方向にしてみるのがおすすめです。朝起きて右肩が重いなと感じたら右分けにしてみる、なんて決め方もあり。

気になる男性に自分のことをより知ってもらいたい！　というときは、左の顔がよく見えるように分け目を変えてもいいでしょう。デートの途中で分け目を変えたら、印象が変わって相手をドキッとさせることができます。

分け目を変えるときは、思っているよりももうひとつ外側から分けると雰囲気が出ます。7対3より8対2。今すぐ試せて元に戻すこともできるので、もっと分け目を有効利用していきましょう。

5:5

知的な印象を出せるセンターパート

センターで分ける5:5のスタイルは、知的な印象かつモードっぽい雰囲気も出せる。耳を出す出さないでも大きく印象が変わるので、ファッションやTPOに合わせて使い分けて。縦のラインを強調できるので丸顔の方にも◎。

・シャツ¥3.900(サンタモニカ 原宿店)

8:2

やわらかな雰囲気で
可愛らしさを演出

流れができて表情に色っぽさが出る8:2分け。普段右なら左分けに、左なら右分けにと、いつもと反対側にするだけでも気分転換になる。手ぐしでかきあげたようなふんわり感を大事にするためスタイリング剤は軽めに。

44

キレイな艶髪に文句は出ない

髪質や髪型に違いはあっても、髪の毛がキレイな艶髪であることに越したことはありません。**髪型＝デザインが良くても、パサついた質感の髪では一気に女度が下がります。** 20代なら若さでカバーすることができますが、肌のハリがなくなってくる年齢になると、髪のパサつきは見た目年齢も大きく引き上げます。

髪の毛のツヤや感触はキューティクルが左右しています。キューティクルの主成分はタンパク質。その表面を、キューティクルを保護する脂質成分18-MEA（18-メチルエイコサン酸）がコーティングしています。

この18-MEAが失われるとキューティクルのダメージが進みやすくなってしまい、枝毛や切れ毛、パサつきの原因となります。しかも18-MEAは摩擦に弱いため、無理なブラッシングや過度なシャンプー、紫外線やヘアアイロンの熱などで簡単に失われてしまいます。

さらに、一度失われると二度と再生しないので、できるだけ守ってあげることが大切です。そのためにいちばん気をつけなければならないのが、**髪を濡れた状態で放っておかないこと。**濡れた状態でブラッシングをするのもキューティクルをはがす要因になってしまいます。

トリートメントなどのケアで髪の表面に18-MEAを一時的に補給することもできますが、キレイな艶髪のためにはインナービューティが欠かせません。

人間の体は食べたものによってできているといいますが、髪の毛も同様。食事、睡眠、適度な運動といった健康的な生活がキレイな艶髪を育みます。**体の内側の質が髪の毛や肌の質に現れ、外見の評価を左右します。その周囲の評価が心(脳)を動かし、さらに内側の質を左右します。**

髪と内面、つまり美容と心はやはり強くリンクしているのです。

45

むしゃくしゃする日が続いたら毎日のシャンプーを見直して

忙しく余裕のない生活を送っていると、夜の過ごし方にしわ寄せがきます。疲労度の高さにもよりますが、優先順位的に、「湯船につかる↓髪の毛を乾かす↓シャワーを浴びる↓メイクを落とす」を削ってしまう日があるのではないでしょうか。

髪の毛を乾かさず濡れたまま寝てしまうことは、髪の毛に大きなダメージを与えることはお伝えしました。同様に、**シャンプーをしないで次の日の朝を迎えると、抜け毛が多くなるという説もあります。**

髪の毛や頭皮は、毎日のシャンプーでリセットされ、健康なサイクルを保っているところがあります。**毎日のルーティーンを崩すと、それだけで髪に負担がかかり、次の日に抜け毛が2割増しになってしまう**こともあります。そうやってダメージを受けた髪の毛を目の当たりにすると、さらに心がどんより曇ってしまいますよね。髪のダメージだけでなく心への負担が大きいことも、覚えておいてください。

そう考えると、気持ちのリセットをしたいときにシャンプーを丁寧に行うことは非常に有効です。**紙をくしゃくしゃにしてから捨てる、足を何度も組みかえる、そんな無意味な体の行動が起きているときは、時間をかけてシャンプーをしてみましょう。**心がほぐれてリラックスできるはず。シャンプー時に頭皮をマッサージするのもおすすめです（183ページ参照）。

次のページには、おすすめのシャンプー&トリートメントを紹介しています。

「努力をしても実らない」、そんな風に思っている人はちょっといいシャンプーを使ってみてください。

サラサラした指どおりで
ハリ・コシ感のある髪へ

頭皮ケアを大切にし、艶やかな髪に導く21種類の植物美容成分や毛髪保護成分、保湿成分を配合したR-21ボタニエンス シャンプー 270ml 2,800円。毛先まで指どおりの良い仕上がりのトリートメント230g 2,800円／サンコール

野菜の力で
地肌と髪をやさしくリセット

シャンプーは、デリケートな地肌をやさしく洗浄し健やかな状態にリセット。トリートメントはやせた髪の内部を強化し、しなやかに整える。ヴィージエ シャンプー、ヘアトリートメント各240ml 2,500円／ルベル タカラベルモント

ブリーチヘアのための
ダメージケア

ブリーチによるダメージを補修し、髪内部を強化。髪の芯から生まれるツヤとなめらかな手触りを実感。ファイバープレックス シャンプー、No.3ボンド メンテナー（ヘアトリートメント）各100g 1,000円／シュワルツコフ

赤ちゃんから大人まで使えるサロン限定直売品

ベビーシャンプーにも使われる成分をベースに、コラーゲンの洗浄剤で優しくしっかり洗い上げる。石油系界面活性剤やシリコン、合成香料不使用。Annie Annieシャンプー 300g 3,000円、トリートメント300g 3,315円／UMiTOS

頭皮から髪を健やかに保つ土台美容に着目

女性ホルモンとよく似た働きをするダイズ種子エキス配合で、頭皮を健やかに導く。5種のオーガニック成分が自然然なツヤと潤いをプラス。COCUUコンフォートシャンプー 250ml 2,500円、トリートメント220g 2,500円／セフテイ

頭皮のトラブルにはシャンプー前のスカルプケア

皮脂汚れや整髪料など、頭皮の汚れの性質に適した天然系洗浄成分でしっかり落とす頭皮専用のクレンジング。ツヤのある髪を育てる土台づくりに。DEARESTスカルプケア クレンジングジェル 150g 3,519円／サイエンスボーテ

46 トリートメント難民にならないために

トリートメントの種類は、大きく分けると2つあります。**ひとつは、シャンプー後にお風呂場で使って洗い流すタイプ（インバス）、もうひとつは、髪の毛を乾かす前後に用いる洗い流さないタイプ（アウトバス）**です。

インバスは、頭皮用（スカルプケア）を除いて、髪の毛に必要な栄養を補い、ツヤや指通りをよくするために使います。そのため、トリートメントをつけるのは毛先が中心。本来、髪の毛が健康な状態なら頭皮から出る皮脂で髪の毛に油分が補われます。とはいえ髪の毛は日々さまざまなダメージを受けているため、それを補うのがインバスの役割になります。**そのため、生まれたばかりの根元の髪にトリートメントをベタベタつける必要はありません。**栄養分を浸透させたら、ぬるつきがなくなるまでしっかりと洗い流すのがポイントです。

一方、アウトバスのトリートメントは、**ドライヤーの熱や外気から髪のキューティクルを守るために使います。**タオルで髪の水分をふきとり、ドライヤーをかける前にトリートメントを行き渡らせます。種類としては、スキンケアのように、ミストから乳液、クリーム、オイルなどがあります。おもにパサつきを防ぐ目的なので、髪のボリュームが少ない人やペタッとしてしまう人は油分の少ない軽い質感のものを、反対に乾燥や広がりやすい髪の人は、クリームなど重めのものを選ぶといいでしょう。

必ず両方のトリートメントを使わないといけないかというと、そんなことはありません。インバスは髪の摩擦や紫外線から髪を守る役割があるため必須ですが、髪のダメージがひどいときにアウトバスをプラスするというイメージです。

とはいえ、**トリートメントはあくまで保護と栄養補充。**健康な髪を育むために大切なのは毎日のシャンプーです。

47 髪のいい香りは世界平和につながる

みんなの髪の毛がいい香りだったら、世界は平和になると本気で思っています。

香水の香りは好き嫌いがあるし、強すぎる香りはときにはテロにもなります。香水NGなおいしいお寿司屋さんも増えてきました。その点、「髪の毛からふわりといい香りがするのってすてき」に異論を唱える人はいないと思います。満員電車でも、髪の毛がいい香りだと一瞬でも癒しを与えることができます。

人間の五感の中で、嗅覚だけは寝ている間も働いています。本能的にも、危険なものの香りを嫌い、安全なものを好きと判断する力があります。

脳の中で記憶や感情を司る「海馬」に直接情報を送ることができるのも嗅覚だけです。ある香りをかいだとき、過去の光景がフラッシュバックしたり、特定の人や場所を思い出した経験がある人も多いでしょう。香りは直接脳に働きかけることができるので、いい香りを嗅ぐことで情緒を安定させることができるのです。

香水が苦手という人にも、髪の毛にヘアオイルなどをつけてさりげない香りを楽しむことはおすすめです。下を向いたときや、後ろを振り向いたとき、髪の毛をかきあげたときなどに、優しく香ってくれます。

髪の毛に香りのアイテムを使うときは〝ほのかに香らせる〟のがポイントです。シャンプー、トリートメント、ヘアオイル、スタイリング剤などすべてを香りのアイテムにしてしまうと、香りが混ざりあって台無しになってしまいます。

次のページでは、髪にまつわる香りのアイテムを紹介しています。夜寝る前にリラックスするために、朝からモチベーションを高めるために、仕事の休憩中に気分をリセットするためになど、目的に応じて香りを楽しみましょう。**いい香りは自分のためだけでなく、相手に好印象を与えるエチケット**にもなります。

1本でヘアやハンド
ボディのケアにも

傷んだ髪にタンパク質と脂肪酸を補充するオイルケラチンや、紫外線から守るUVカット成分配合。オーガニック成分や植物オイルが、髪から肌まで自然な香りと潤いで包みこむ。COCUU メロウセラム70g 2,000円／セフテイ

ローズヒップ油配合の
アウトバストリートメント

パサついて広がる、うねりが出る、ツヤがなくなるといった髪の悩みに応える濃厚オイル。ゴワつきやすい髪に柔軟性を与える。パタゴニックオイル イセベルグモイスト 100ml 3,200円／デミ コスメティクス

毎日のヘアケアに使える
リッチクリーム

就寝前や外出前など、いつでも使える洗い流さないタイプのトリートメントクリーム。ベルガモット精油の自然な香りが心地いい。Annie Annie プレミアムリッチクリーム50g 2,750円（サロン限定直売品）／UMiTOS

素髪でいるより心地いい ポリッシュオイル

マンダリンオレンジ&ベルガモットがほのかに香るオイル。タオルドライ後に髪全体になじませて、アウトバストリートメントとして重宝。肌の保湿オイルにも使用可能。N. ポリッシュオイル 30ml 1,200円／ナプラ

毎日持ち歩きたい マルチバーム

サンダルウッドとユーカリをミックスしたウッディな香りが特徴。広がりやすい毛先に潤いを与えたら、手に残ったバームは手肌にもなじませて。モイバーム ウォークインフォレスト37g 2,600円／ルベル タカラベルモント

ヘアケア充実の 自然派ブランドshiro

保水力に優れたがごめ昆布など厳選素材をシンプルに配合。ヘアミストは香りづけと潤いケアができる髪の美容水。ヘアオイルとのW使いでしっとり。同じ香りの練り香水もあり。shiroヘアミスト80ml 2,500円ほか／ shiro

48 セレクターとして心奪われるものと過ごしてみる

あなたは、あなたのセレクトしたものでできています。

ファッションアイテムはもちろん、髪型、美容室、コスメ、香り、音楽、文房具、家具、歯ブラシ、テレビ番組、仕事、言葉、態度、今日のランチ……。どんな小さなものでも、どんな些細な出来事でも選んでいるのは自分自身です。興味やこだわりのあるなしにかかわらず、また、自分では無意識だったとしても、日々選択した物事であなた自身や印象ができあがっています。

初対面のとき、それらの自分で選んだ物事が第一印象として周囲へメッセージを発しています。**広い意味での〝もち物〟が、センスや品位、清潔感、教養や知性を判断する材料**となります。

そのため、セレクターとしての意識が高い人は、選ぶものによって自分の価値を高めることができます。

それは、高価なブランドものや流行にのったものを選びましょうという意味ではありません。選ぶものが自分自身の価値になるのだから、TPOに応じたアイテムを選ぶだけでなく、個性や自分らしさを意識して選ぶことがセルフプロデュースにつながることをお伝えしたいのです。

たくさんの物事や情報の中から自分に合ったアイテムを選ぶのは大変ですが、何も考えずセレクトしたものに囲まれた無難な生活と、心奪われるものとともに過ごす生活では、どちらが豊かでしょうか？

髪型を武器にするというのも、まさにそのひとつ。何気なく無難な髪型を選ぶのか、自分の価値を高める武器として選ぶのか。**ひとつひとつのセレクトを積み重ねることで、なりたい自分に近づきます。**

髪をいたわる極上タオル

ドバイの7つ星
ホテルで採用

優れた吸水性、なめらかな肌触り、指が沈むようなボリューム感は、ずっと包まれていたいほど。マイクロコットン ミニバスタオル（50×100cm）3,800円／ヘリオス・ホールディングス

60を超える色展開と
ボリュームが魅力

最高峰エジプト綿を、国産タオルの約3倍量で織り上げた圧倒的なボリュームを誇る。ポルトガル製。アビス＆ハビデコール ミニバスタオル（55×100cm）6,800円／Tempo 南青山

ヘアケアにも最適な
大きめフェイスタオル

吸水性の高さとしっとりやわらかな肌触りを実現。毛羽落ちが少なく使うほどに品質の高さを感じる。全13色。テネリータ超甘撚りフェイスタオル（約40×80cm）2,500円／テネリータ

髪にまつわる思い入れアイテム

ルーツのある神社で見つけた縁結びの御櫛

実家は千葉で、母が美容室を経営。もともと祖先はその地で代々神社の神主をしていたことを聞き、ルーツがある島根県の熊野大社を訪れました。そこにはなんと御櫛のお守りが！　クシナダヒメが御櫛を髪にさしてスサノオノミコトと婚約したという故事に関連しているそう。私の美容のDNAを感じました。

ムードを上げるヘアアクセサリー

中村なづきさんは植物や自然をモチーフに、ピアスやリングなどのアクセサリー以外にも髪留め、ヘアピンをつくる作家さん。一般のアクセサリーに比べてクラフト感のあるおしゃれなヘアアクセサリーがまだまだ少ないので、中村さんの作品には注目しています。ヘアピン各1,300円、髪留め3,500円〜

beauty
column
3

湧泉

活力が湧いてくる
疲労回復のツボ

足の裏のちょうど真ん中あたり、土踏まずのやや上で、足の指を曲げたときにくぼみが出るところに「湧泉《ゆうせん》」というツボがあります。生命力が泉のように湧き出るというツボで、全身、とくに下半身の血流をアップさせ、疲労回復に効果があるとされています。腎臓の働きをよくし、腎臓と膀胱の機能を高めることから排尿がスムーズになり、むくみも解消。また、冷えの改善や白髪の増加をおさえるなど万能なツボとしても知られています。足が冷えて眠れないときは、寝る前に湧泉を刺激するとじんわりと温まります。

ツボを押すときは、あぐらをかくなど足の裏が見えるように座り、両手の親指を重ねて湧泉のツボにあて10秒くらいを目安に刺激してみてください。

手で押すには力を入れにくい場所でもあるので、青竹踏みなどを使って足踏みするのもいいでしょう。座り仕事の人は、足の指をグーパーするだけでも湧泉を刺激できます。

CHAPTER 4

自宅でできるヘアテクニック

49 自宅でできる基本のヘアケア

第1章〜第3章では、髪型がムードをつくること、髪と心が強くリンクしていること、髪について知っておきたいことについて紹介してきました。

その中でキレイになると覚悟を決めることや、内面の美を磨くテクニックをお伝えしてきましたが、髪型をつくるのは美容師です。髪の毛をカットするテクニックや、お客様に似合う運命の髪型を見つけるセンスを見出すべきなのも美容師です。そういう意味では、メンターとなる美容師がいれば、「髪型」に関してお客様がやるべきことは少ないこともお伝えしました。

しかし、**素敵な髪型の土台となる美しい艶髪を育むのは自分自身です。**どんなに素敵なデザインやパターンのワンピースでも、素材の質が悪ければ全体的に安っぽい雰囲気になってしまい、ムードをつけることはできません。

素材となる髪の毛の質を上げるためには、自宅で行う毎日の髪のお手入れが重要になってきます。**ヘアケアの効果は1日で目に見えて現れるものではなく長期戦となりますが、正しいヘアケアで髪質は着実に変わります。**

そこでこの章では、普段何気なく行っている毎日のシャンプーやトリートメント、スタイリングの正しい方法を紹介していきます。毎日のことなので、間違ったケアを積み重ねないよう、改めてチェックしてみてください。

また、自宅でできる前髪のセルフカットや白髪のリタッチ方法、メンテナンス方法も掲載。基本的には前髪カットもリタッチも美容室で行うのがおすすめですが、時間がなくて美容室に行けないというときに、自己流の方法で髪を傷めてしまうことのないようセルフ術をお伝えしています。その場合も、担当の美容師と相談しながら行ってください。

コーム＆ブラシの選び方

ブラシやコームは、本来、髪型や用途によって
タイプやサイズ、素材を使い分けます。
これから新しく揃える場合は、
それぞれの用途を知って使い勝手のよい
アイテムを選ぶといいでしょう。

協力／オフィシーヌ・ユニヴェルセル・ビュリー

ヘアブラシ

髪をとかすための道具

家族全員で使えるオールマイティな1本。髪の毛をとかす以外に、頭皮を適度に刺激し、血行を促進する用途も。その場合は、動物毛など頭皮を痛めない素材を選ぶ。

POINT

- ロングの人には必須
- 動物毛などを選べばブラッシングをすることでマッサージ効果も

ロールブラシ

美容室ではマスト

360度に毛がついたヘアブラシ。髪を巻きつけやすく、ドライヤーと一緒に使うことでクセ毛を伸ばすだけでなくカールやふんわりとしたボリュームを手軽に出せる。

POINT

- 寝癖直しやクセを伸ばすのに奏功
- カールやふんわりとしたボリュームを出したいときに

POINT

- 毛先にダメージがある人におすすめ
- 櫛の部分が大きいので、髪の毛が多い人にも使いやすい

ジャンボコーム

摩擦が少ない

他のコームに比べて櫛の目が粗く、髪の毛に摩擦が起きにくいのが特徴。濡れている髪の毛をとかす必要があるときや、シャンプー前のブラッシングにも最適。

テールコーム

アレンジなど細かい作業に

目の細かい櫛に、先端が細くなった持ち手がついているコーム。髪をとかすだけでなく、反対側の持ち手で分け目をつけたり髪を分けとるなど細やかな作業に便利。

POINT

- アレンジをすることが多い人に
- 分け目をつくれる
- 静電気が起きやすい

カットコーム

カット時のプロ向けコーム

美容師がカットのときに使用するカットコーム。粗い目と細かい目があり、粗いほうで濡れた髪やからまった髪をとかし、細かいほうで整えるなど使い分けができる。

POINT

- 美容師がカット時に使用するコーム
- 子供や家族の髪の毛を切る人に

基本のシャンプー&トリートメントの方法

シャンプーの目的は髪の毛と頭皮の汚れを落とし清潔かつ美しく保つことです。
トリートメントは、髪の毛に対して必要な栄養や手触りを補うもの。
正しい方法でツヤ髪を目指しましょう。

1

ロングの方は髪を濡らす前にブラッシングをする。からまりによる髪のストレスが減り、シャンプー時に汚れが落ちやすくなる。

4

爪を立てず、指の腹で頭皮を洗う。髪を洗うというより頭皮を優しくマッサージするイメージでOK。力の入れすぎは禁物。

POINT

- 濡れた状態で髪をとかすことは髪のダメージにつながる。シャンプー前のブラッシングは必ず乾いた状態で
- 汚れの8割は予洗いで落ちる。予洗いの時間を十分にとってしっかり汚れを落とす
- シャンプー剤を泡立ててから髪にのせることで、摩擦によるダメージを軽減できる
- 予洗いの時点で汚れはほとんど落ちているので洗うときは頭皮をゴシゴシせず優しくマッサージ
- すすぎ残しはフケやかゆみの原因になるので、シャンプー後のすすぎが肝心
- トリートメントは毛先が中心。頭皮にはつけない

2

髪の毛の汚れやスタイリング剤、頭皮の汚れを落とすつもりで十分に予洗いする。これまで自分が行っていたすすぎ＋1分を目安に。

3

シャンプー剤を手に出し、手のひらでしっかり泡立てる。量は、ミディアムなら1〜2プッシュ、ロングなら2〜3プッシュが目安。

5

泡が完全に落ち、ぬめりがとれるまで洗い残しのないようしっかりとすすぐ。シャンプーの作業よりもすすぎ作業のほうが重要。

6

トリートメントはミディアムなら1〜1.5、ロングで1.5〜2プッシュを目安に使用。毛先を中心になじませ、しっかりすすぐ。

ロングの人に
オススメ!

タオルドライ

水分を含んだ髪は非常にデリケート。
乾かすときはゴシゴシこすらず
タオルをもった手で挟みこむように
水分をとるのがポイント。
ロングの人には、ドライヤーの時間を
大幅短縮できるクルクル巻きがおすすめ!

POINT

- 髪全体を覆うことができる長さのタオルを使用
- かぶるだけで固定できるドライ用のヘアタオルやヘアキャップがあればさらに簡単で、見た目もかわいい
- タオルドライはあくまで一時的な手段。その状態のまま髪の毛を長時間放置しない

7

からんだ髪にトリートメントをつけるときは、毛先に適量をなじませ、湯をはった洗面器につけてほぐしてから全体につけ、すすぐ。

1

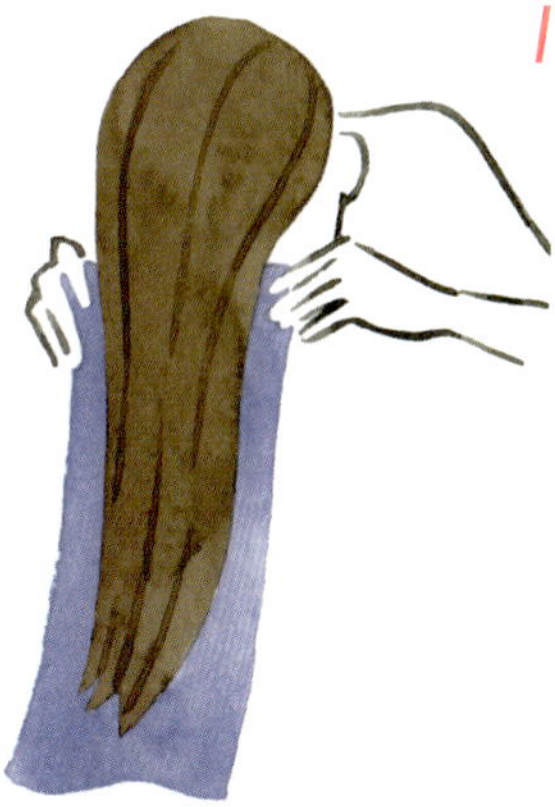

ある程度水分をとったら、下を向いて髪の毛全体を前にもってくる。タオルの縦幅の中心に毛束がくるよう、タオルの位置を合わせる。

2

根元が動かないようにタオルと毛束をうまく固定しながら、毛束ごとタオルを1/3程度までひねる。

3

残りの2/3をひねりながら、蛇がとぐろを巻くようにタオルを巻く。タオルの先を、頭とひねったタオルの間に挟む。

4

うまく固定できればできあがり。お風呂上がり後にまずこの状態にしておけば、スキンケアなどができ、ドライヤーの時間も短縮。

50

髪を洗ったら、一刻も早く乾かす

髪が濡れている状態では、髪の表面を覆っているうろこ状のキューティクルが開いています。そのため髪の保護成分であるキューティクルがはがれやすく、内部が刺激を受けやすくなっています。この敏感な状態を少なくするためには、**髪を洗ったら一刻も早く、しっかりと乾かすことが大切です。**

ドライヤーをかけるときはキューティクルに沿って、根元から毛先に向けて風をあててください。

その点もふまえ、ドライヤーを選ぶときは、第一に速乾性に優れた商品がおすすめです。とくに、毛の多い方やロングで乾かすのに時間がかかるという方は風量のあるタイプや低温でも短時間で乾かすことができるタイプを選びましょう。

さらに、最近のドライヤーにはツヤ出しや頭皮ケアなど、髪を乾かす以外の機能がついたものも一般的になっていますので、髪のダメージや用途に合わせてセレクトするといいでしょう。

また、あまり使っていない方も多いかもしれませんが、**「冷風」機能は必須**です。**髪の毛には、温めると動きがつき、冷える瞬間に形を記憶するという性質があります。**ヘアアイロンもこの性質を用いたツールで、急激に熱することで髪に動きをつけ、アイロンを離すことで冷やします。ドライヤーはアイロンほど髪を温めるものではないので、**温風のあとに冷風のエアシャワーを浴びせることが、スタイルキープにつながる**のです。

使い方としては、温風で髪の毛を乾かしたあとに上から下に向かって全体に冷風をあてます。髪を乾かすときだけでなく、根元を立ち上げたり、ボリュームを抑えるといったスタイリング時にも、温風&冷風のハイブリッドが効果的です。

次のページから、基本的なドライヤーの使い方を紹介していきます。

基本のドライヤーのかけ方

髪が濡れている状態は、ダメージを受けやすい繊細な状態。正しくドライヤーを使うことで髪や頭皮をケアできるだけでなく、スタイリングがしやすくなり、スタイルをキープすることができます。

1

頭を少し前に傾け、上からドライヤーをあてて手で髪の毛を左右に振りながら乾かす。分け目は無視してOK。

4

頭を前に倒しながら、つむじに風を当てて根元を乾かす。

POINT

- 工程順に、乾きにくいところから乾かしていくと全体をムラなく乾かせる
- ドライヤーの送風口は髪の毛から15〜20cmほど離して使用する
- 1カ所に風をあて続けるのは3秒以内。それ以上はダメージになりやすいため、手で髪の毛を左右に振る、ドライヤーをもつ手を振るなどして1カ所に風が集中するのを避ける
- キューティクルは根元から毛先に向かってうろこ状に並んでいるため、ドライヤーも根元から毛先に向かって風を送る。それによって自然とキューティクルが整い、ツヤが出る
- 最後に冷風をあてて形状記憶させる

2

襟足は、最も髪の毛が密集していて太い箇所。乾くのに時間がかかるので、根元からしっかりドライ。

3

耳周りは、襟足の次に髪の毛が密集している箇所。髪の毛をもちあげながら効率よく乾かす。

5

つむじからのトップの髪の毛の流れに沿って乾かす。ここでも分け目は無視してOK。

6

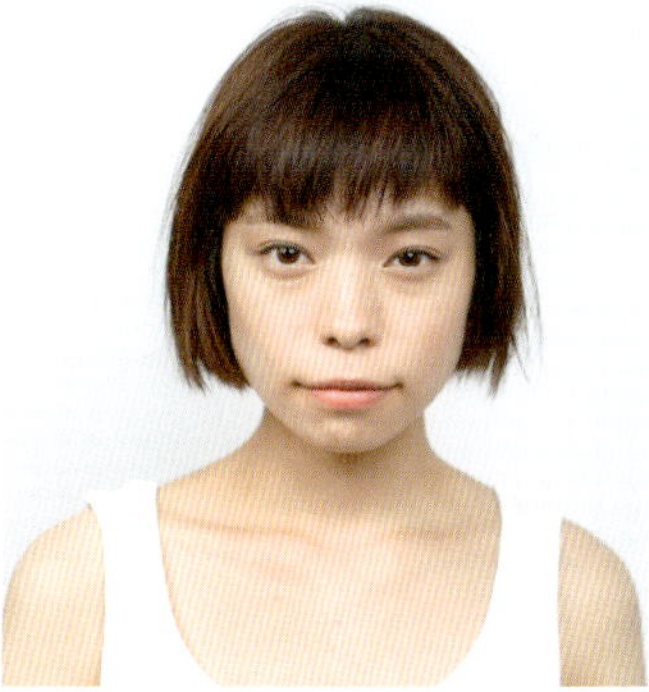

8～9割乾いたら上から下に向かって冷風をあてててできあがり。髪の長い人は、さらに根元から毛先に向かってドライヤーをあてて全体を乾かす。

ボリュームを出したいときは

ボリュームを出したい部分の髪の毛を根元からもちあげて温風をあて、そのまま冷風に切り替える。

頭頂部（トップ）をふわっとさせるようにドライヤーをあてるとボリュームを出せます。頭を前に倒し、ボリュームを出したい所をもちあげながら下から風をあて、熱を与えます。その位置のままドライヤーを冷風に切り替え、冷風で形状記憶させます。襟足や耳周りの根元は上から下に向かって風をあてボリュームを抑えると、シルエットのメリハリが出ます。

ボリュームを抑えたいときは

1

ボリュームを抑えたい部分を手で押さえながら温風をあてた後、冷風をあてる。

2

クセが気になる部分は、人差し指と中指で髪の毛を挟みこみ、毛束がまっすぐな状態にして温風&冷風をあてるとおさまりやすい。

日本人は「ハチ張りゼッペキ」という骨格の人が多いです。ハチ周りのボリュームを抑えることがポイントなので、ハチ部分を手で押さえながら熱をあて、さらに冷風に切り替えて上からなでるように風をあてます。中間から毛先は、手ぐしで挟みこみ、指の間の髪の毛を下に向かって伸ばしながら温風&冷風をあてます。

51

スタイリング剤の選び方

スタイリング剤の種類には、ジェル、ワックス、クリーム、ムース、スプレーなどがあります。個体差はありますが、それぞれの用途や使用感を紹介していきましょう。

ジェルは強さもいろいろですが基本的にはワックスよりもセット力に優れていてしっかりキープしたいときに使用します。最大の特徴はウエット感が出せること。トレンドの濡れ髪の質感がほしいときに効果的です。

ワックスはクリームよりもセット力に優れています。ミディアムからショートで髪を動かしたいスタイルや、ロングの前髪を流したいときなどに適しています。

クリームは、固めすぎずにまとまりや束感をつくりたいときに最適です。

ムースタイプはスタイリング剤自体に含まれる水分量が多く、パーマやクセ毛の方のパーマ風スタイルに。

スプレーは、ほかのタイプと比べると質感が軽く、ふわっとしたスタイルや立ち上がりをつけるときに効果を発揮。ホールドタイプは、質感を整えたあとにその形をキープするために使用します。

このように**キープ力や用途で使い分けるのが基本でしたが、最近はオーガニック製品や髪につけた後にそのままハンドクリームになるものなど、スタイリング剤の垣根を超えた商品も多く出てきています。**髪も体の一部ですから、機能だけでなく、ライフスタイルや価値観に合うものを選ぶ時代になってきているのかもしれません。

まずは肌タイプを知るように自分の髪を知り、髪やフィーリング、そしてなりたいムードに合ったスタイリング剤を選んでみてください。もちろん、美容師に相談してみるのもおすすめです。

ふわふわスタイリング

ボーイッシュなイメージのあるショートやボブでも
スタイリング次第でかわいらしいムードはつくれます。
手ぐしとスプレーを使って
わざとらしくない、自然なふわふわを演出。

前髪とサイドから後頭部にかけて手ぐしで空気感を出す分トップは抑えめに。全体のバランスがよくなる。

RECOMMEND 1

絶妙なほぐれ感がつくれるホールドタイプ

髪にボリュームと弾力を与えてキープ。固まらずエアリーな質感を表現できる。ピース プロデザインシリーズ ヌーディーメイク スプレー　97g 2,000円／アリミノ

RECOMMEND 2

軽さを出しながら立体感を持たせるスプレー

ほどよく固まるホールドタイプ。スプレーしたあとの髪表面のゴワゴワがなく、絶妙なほつれ感が実現。N. ホールドヘアスプレー 5 180g 1,600円／ナプラ

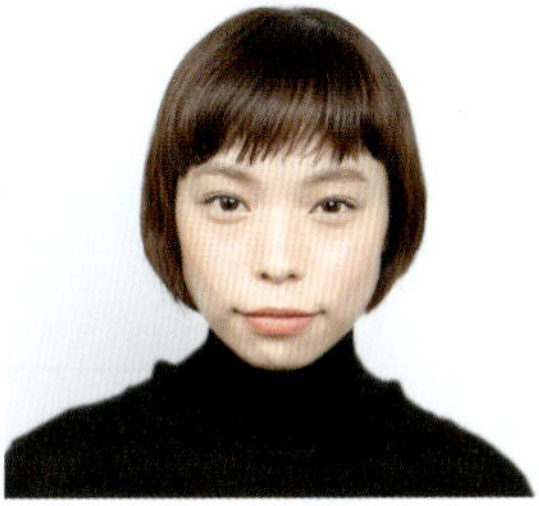

スタイリング前はしっかり髪の毛を乾かした状態からスタート。その際、ふわふわにしたい部分にドライヤーの冷風はあてない。

←

ふわふわにさせたい部分を手でにぎりニュアンスをつける。髪の根元から全体に行き渡るよう、15～20cmほど離した位置から円を描くようスプレーする。時間にして約2秒。

濡れ髪スタイリング

濡れているような質感でこなれ感を演出するスタイリング。髪にツヤ感を出し、束感や立体感がプラスされ、大人っぽいラフな色気が出ます。ただのベタベタにならないよう、軽やかさを意識して。

甘さを残したオールバックでかっこかわいいアレンジに。トップにはふんわりボリュームを残して。

RECOMMEND 1

クリームタイプのジェルが質感と軽やかな動きを演出

弾力のある動きを表現する成分配合。ウエットな質感に加えて、トップからの軽やかな動きを演出。ニゼルドレシアコレクション ジェリー M 90g 1,800円／ミルボン

RECOMMEND 2

自然なウエット感でうるおいのあるツヤを出す

ジェリーのようにみずみずしいゲルで濡れたようなツヤを表現。のびがよく、動きのあるスタイルのキープ力も抜群。モデニカ ナチュラルJ 90g 1,800円／中野製薬

濡れ感のあるスタイリングは、ドライヤーで乾かしきらず多少水分のある状態から始めるとやりやすい。ジェルを手のひら全体にのばし、根元から毛先まで、内側も外側も、手ぐしで髪の毛全体になじませる。

←

好みの質感に合わせてジェルを足し、毛束を揺らしたり、つまむなどして動きをつくる。トップにボリュームを持たせるには、スタイリング剤をつけた手で髪を根元からかきあげる。

52 ヘアゴム1本アレンジ

同じ髪型でも、ちょっとしたヘアアレンジでムードを変えることができます。例えば**髪の毛をひとつに結ぶにしても、首元の低い位置で結ぶときっちりとした真面目な印象に、トップに近い位置で結ぶとカジュアルな遊びのある雰囲気になります。**これだけ覚えておくだけでも、シーンやTPOに合ったヘアアレンジを選ぶことができます。

ヘアアレンジに難しいテクニックや特別な道具は必要ありません。必要なのはセンスとアイデア。ヘアゴム1本だけでも、「どこを結んだらかわいいヘアになるかな」「どれくらいの太さの三つ編みがバランスいいかな」と脳を使って考えながら結んでみることで、イメージに近いヘアスタイルができるはずです。

先ほどもお伝えしたように、真面目な印象に見せたいならポイントを下にもってくるか、どこかをタイトに引き締めること。**後れ毛を引き出したゆるふわスタイルはやりすぎるとだらしなく見えるので**注意が必要です。

反対に、遊びやカジュアルなときはトップにボリュームをもたせて毛先を揺らすと落ち着きが緩和され、かわいらしいイメージがつくれます。髪の長さにかかわらず、その鉄則を守るとアレンジに失敗しません。

次のページからは、「大事な**プレゼン**の日」「彼との**デート**」「はじめましての**会食**」「気のおけない友人との**女子会**」のシーンを想定し、3人の方にヘアアレンジをしていただきました。どれも本当に簡単にできるアレンジなのでぜひ試してみてください。

SCENE 1

プレゼン

1人目

POINT

トップから編み込むことで時間が経ってもスタイルをキープ

シチュエーション別 簡単ヘアアレンジ

STYLE

編み込み優等生ヘア

●準備するもの
ヘアゴム1本

トップから両サイドで編み込みをしていき、低めの位置でひとつにまとめる。ヘアゴムで結び、最後の毛先を抜ききらずふんわりとした輪をつくる。ヘアアクセサリーなどでポイントをつけても◎。

FRONT

BACK

・シャツ¥4,500（サンタモニカ 原宿店）

SCENE 2

デート

STYLE

ルーズ三つ編みでほどよい抜け感

POINT

彼の目線を
首元に集中

●準備するもの
ヘアゴム2本／ヘアアクセサリー適宜

髪の毛を左右どちらかに寄せ、ふんわりルーズな三つ編みをつくり、毛先をゴムで結ぶ。三つ編みの途中にゴムをもう1本結ぶ。その上からリボンのヘアアクセサリーを巻くとニュアンスがつく。

SIDE

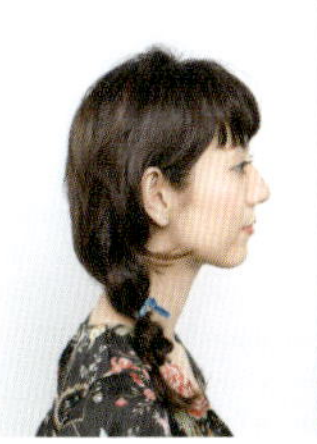

BACK

・ピアス〈片耳〉¥22,500（YUKA HOJO オンラインストア）

SCENE 3

会食

STYLE

クラシカルなふんわりボブを演出

POINT

ロングヘアを
ふんわり結んで
毛先を内側にイン

●準備するもの
ヘアゴム１本／ヘアピン１～２本

髪の毛全体を毛先がパラパラとならない位置で緩めに結ぶ。毛先が髪の毛の下に隠れるように巻き込み、髪の根元にピン１～２本で留める。本当のボブよりもボリュームが出て乙女チックな印象に。

SIDE

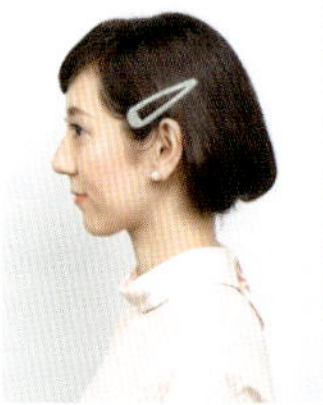

BACK

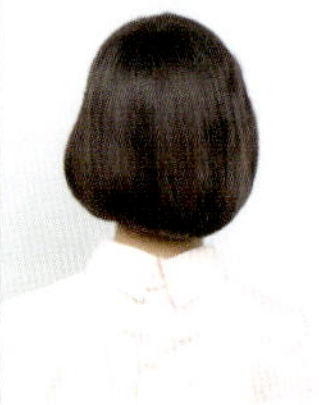

・ヘアピン¥350　・イヤリング¥900（共にOsewaya／お世話や）

SCENE 4

女子会

POINT

ワックスで
適量の毛束をつくり
ウエット感を出す

STYLE

毛束感を出した前髪が主役

●準備するもの

ヘアゴム1本／ヘアピン5本

サイドの髪の毛をとり、後頭部の高めの位置で結ぶ。毛先を出しきらず小さな輪をつくってトップに高さを出す。前髪をうすくとって小さなポンパドールをつくり、ピンで留める。

SIDE

BACK

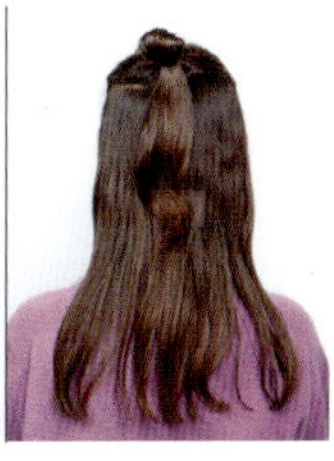

・ヘアピン（10本セット）¥250（Osewaya／お世話や）
・ピアス¥1,300（LIMITED NUMBER／お世話や）

SCENE 1

プレゼン

2人目

POINT

毛束を
ヘアクリームで
まとめて
ルーズ感を排除

STYLE

知性と清潔感のあるひとつ結び

●準備するもの
ヘアゴム2本

耳を半分隠した状態でひとつに結ぶ。毛先からひと束取り分けて、結んだゴムの上を巻いていく。その毛先を別のゴムで結び、毛先とゴムが見えないように、巻いた毛束の中に入れこむ。

SIDE

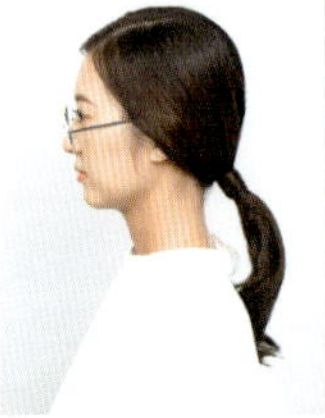

BACK

SCENE 2

デート

STYLE

脱コンサバ風ポニーテール

POINT

毛先で
自由自在に
前髪をつくる

●準備するもの
ヘアゴム1本／ヘアピン1～2本

高めの位置でポニーテールをつくる。毛先を前髪に向かって落とし、長さに応じて中間部分をピンで留める。パラパラする毛先は自然に落とし、落ちた毛先にはワックスやヘアクリームをつける。

SIDE

BACK

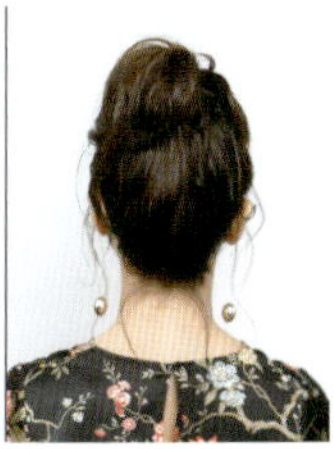

・ピアス¥1,800（LIMITED NUMBER／お世話や）

SCENE 3

会食

POINT

トップの
ふんわりは
あえて
アシンメトリーで

STYLE

清楚でかわいらしいバングアップ

●準備するもの
ヘアピン3本

前髪をトップからセンターで分け、それぞれ外側から内側にねじり、トップにふんわりとしたニュアンスをつくったら適当な位置でピンを留める。両サイドの2本の毛束を合わせ、後頭部でピンを留める。

SIDE

BACK

SCENE 4

女子会

POINT

高めの
ポニーテールで
動きを出す

STYLE

遊び心たっぷり丸団子ヘア

●準備するもの
ヘアゴム5本

高めの位置でポニーテールをつくる。毛先にスタイリング剤をつけてツヤ感を出す。串に刺したお団子のイメージで、髪の長さに合わせて何ヵ所かゴムで結ぶ。毛先ギリギリまで結ぶとかわいい。

SIDE

BACK

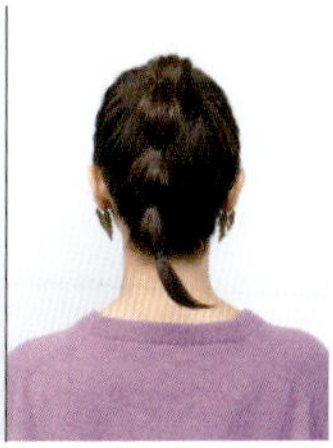

・ピアス¥1,900(LIMITED NUMBER／お世話や)

SCENE 1

プレゼン

3人目

POINT

トップに
ボリュームを
もたせて
メリハリをつける

STYLE

キリッと仕事モードにアレンジ

●準備するもの
ヘアピン1本／バレッタ適宜

髪の毛全体を10:0の右分け（左右はどちらでも）にする。トップは根元を起こすようにコーミングしてボリュームを出し、右サイドはバレッタで押さえる。バレッタがすべるようならヘアピンを使って。

SIDE

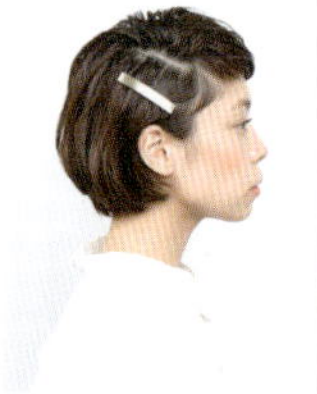

BACK

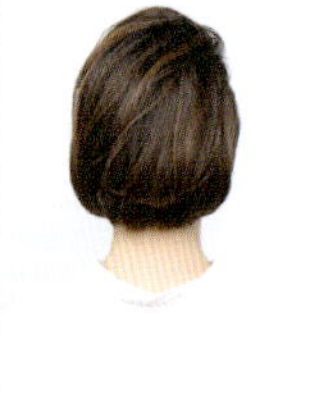

・バレッタ¥500（Osewaya／お世話や）

SCENE 2

デート

STYLE

空気感を出すスタイリング

POINT

スタイリング剤のみで
全体に
ゆるふわ感を
プラス

●準備するもの
あればヘアアイロン

ヘアアイロンを使ってサイドと前髪にふんわり感を出す。トップは抑えめにしてメリハリをつけて。アイロンがない場合はドライヤーと手ぐしで同じようなニュアンスをつけ、スタイリング剤でキープ。

SIDE

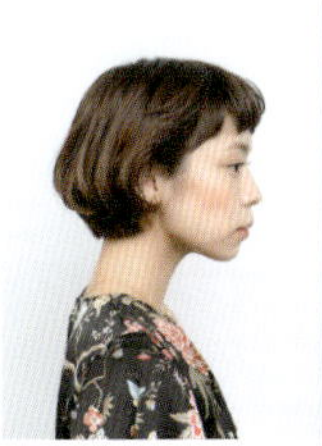

BACK

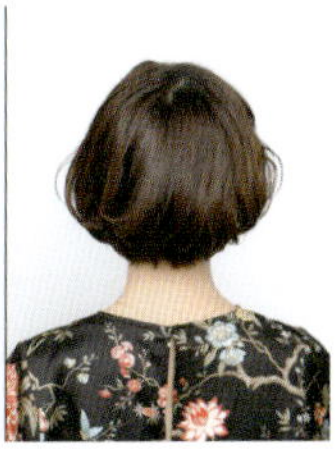

・イヤリング¥1,100(Osewaya／お世話や)

SCENE 3

会食

POINT

トップから
両サイドをねじって
サイドを
すっきりと

STYLE

ねじるだけできちんと感

●準備するもの
ヘアピン2本／あればヘアアイロン

トップから両サイドをスライスでとり、それぞれの毛束を外側から内側にねじる。毛先が耳の後ろに隠れる位置でピンを留める。サイドをスッキリさせる分、あればヘアアイロンで前髪はふんわりと。

BACK

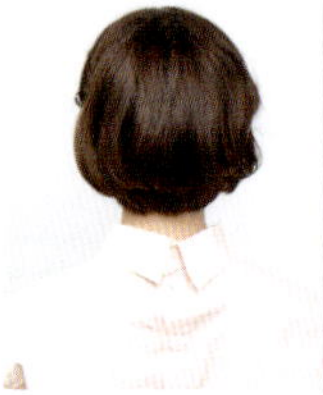

SIDE

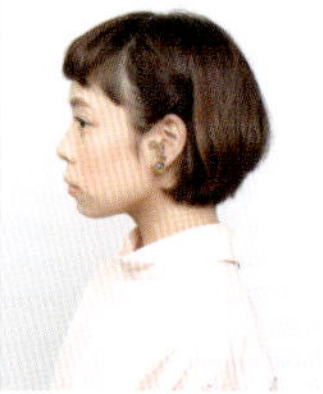

SCENE 4

女子会

STYLE

甘さを抑えたカジュアルパンク

POINT

毛先を
遊ばせた
小さな三つ編みが
アクセント

●準備するもの
ヘアゴム3本

トップの髪の毛をサイド、後頭部からぐるっととり、ひとつに結ぶ。毛先は抜ききらずに輪をつくる。残った左サイドの髪の毛で三つ編みを2本つくる。毛先をスタイリング剤でまとめる。

BACK

SIDE

・フープイヤリング¥900（Osewaya／お世話や）

53

心を強く突き動かす前髪の力

髪型においてバング（前髪）の占める重要性は非常に高いと思います。
例えば、ロングの方が全体の長さを20㎝切ったとして、さらに前髪をつくったとします。おそらく、周囲の人からは十中八九「前髪つくったんだ！」と言われると思います。それぐらい、**他人から見たイメージや印象を決めるのは前髪**だということになります。

ある程度、前髪でなりたいムードに近づけることができるともいえます。かっこよくなりたい、女性らしさを演出したいというときはノーバング（前髪なし）

や長めの前髪に、反対にかわいい感じやキッチュなイメージにするなら短い前髪に。目尻よりも幅広く切り揃えたワイドバングにすると個性的でモードに見せてくれます。

それらの**前髪×全体の髪型の組み合わせでイメージは無限大に広がります**。新しい印象にイメチェンしたいという方は、そのはじめの一歩として前髪を切ってみるのもいいと思います。多くの美容室が前髪カットのメニューを用意していますし、短時間で印象を変えられます。

ゆるやかなV字バングや、左右で長さの異なるセクションカットなどはおしゃれな雰囲気が出るだけでなく、伸びても長持ちします。もちろん髪型全体のバランスが大切ですが、髪型を長持ちさせたいというときは、前髪に短いところと長いところをつくってもらうようオーダーしてもいいかもしれません。

ちなみに、**前髪を斜めや個性的なデザインに切れる人は、仕事もキレる人**だと思います。その髪型からは、世の中に沿う、なじむということから一歩抜け出すぞという意思表示が感じられるのです。あくまで、持論ですが……。

ムード別 前髪一覧

前髪は、一般に長いほどかっこいいや女性らしい印象に、短いほどかわいらしいや幼い印象となります。なりたいムードに近づく髪型をイメージしてみては？

ムード

かわいい

短めギザギザバング

重め短めパッツン

ナチュラル軽め

ナチュラル重め

ミディアムパーマ

長めのゆるパーマ

短い
長さ
幅広めワイドバング
センターが長いVバング
一部短いセクションカット
重めのマニッシュレイヤー
かっこいい
長めノーパート
トップふんわりレイヤー
センターパート
長い

before

かわいらしいおでこのアーチに合わせて、短めの前髪に。日本人の場合、オンザ眉毛や眉毛に近い短めの前髪にすると子どもっぽく見えがちだが、思いきって短いワイドバングにすることでフレンチっぽい印象に。

前髪カットでここまで変わります

after

・ブルゾン¥44,000(sneeuw)

きれいな顔立ちながら、ノーバング
だと実年齢より年上のコンサバな印
象だったので、自然なクセをいかし
た束感のある前髪をつくり、かわい
らしさとモード感をプラス。眉ぎり
ぎりのラインで目力が強調される。

before

after

髪の長さを変えずにムードを変えたいなら前髪を切るのが手っとり早い。美容室は前髪カットだけでも大歓迎です。

自宅でできる前髪セルフカット術

自宅で前髪カットをしたい人向けにセルフカット術を紹介。
ノーバングから前髪をつくる場合、額周りだけでなくトップから多めに前髪をもってくるとふんわり今っぽく仕上がります。

1

前髪をコームなどでとかす。トップ(頭頂部）から前髪をつくると、ふんわりとして今っぽい雰囲気に。

4

少量ずつ切っていくことを繰り返し、切り終わったらサイドの髪も下ろしてバランスをチェックしてみて。

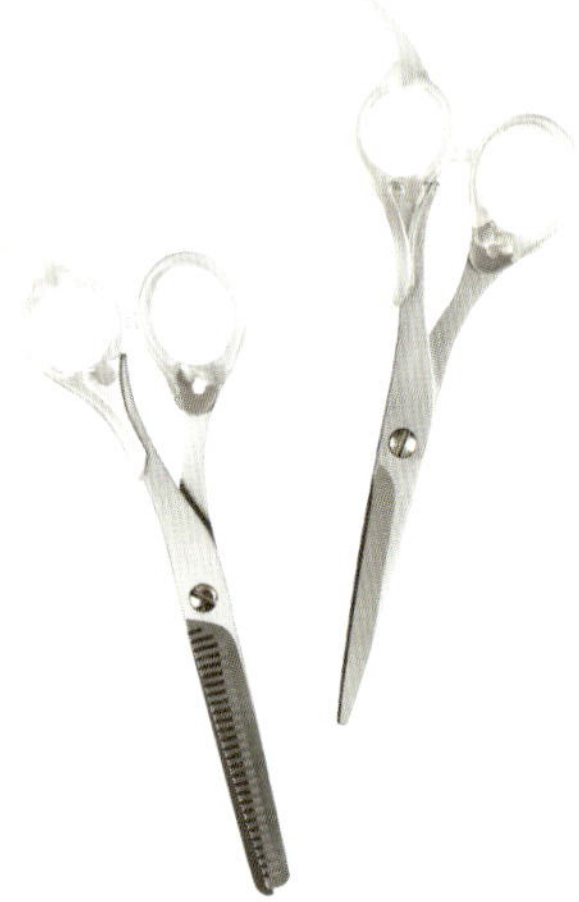

髪の毛のセルフカットには、ハンドル部分に指を固定できる設計の髪用はさみがおすすめです。歯がクシ状になっているすきばさみは、前髪の重さを軽くしたいときに使用。

2

前髪の広さを決める。黒目の延長線上を目安（最初は少なめ）に、切らないサイドの髪はヘアクリップで留める。

3

指で髪を挟み、狙いの仕上がりよりも少し長めの位置で斜めから縦にはさみを入れる。ほんの数本ずつ切っていく。

5

すきばさみは軽くしたいところに自由に入れてOK。顔を小さく見せたいならサイドは重めで中心だけすくといい。

かっこよくも、かわいくも仕上げられる長さに完成。切るときは顎を引きすぎずまっすぐ鏡を見ると長さが揃う。

54

加齢による髪の悩み

第2章で「美容が本番を迎えるのは50代から」とお伝えしましたが、20代後半を境に女性ホルモンが低下し、ホルモンバランスが乱れやすくなるのは確かです。それによって、毛細血管の減少や血行不良、栄養不足が進み毛穴あたりの髪の毛の本数が減少。根元のつぶれや分け目が目立つようになってきます。

これは、加齢による髪の毛のボリュームダウン、髪がやせて見えるといったことが原因になります。

美髪の元となる保湿成分の減少や、皮脂の過剰分泌または乾燥、かゆみといった頭皮環境の変化やトラブルも多くなっていくのが特徴です。これらの対応策としては、**女性ホルモンと毛乳頭細胞の活性化が重要**とされています。

女性ホルモン活性化のためには、これまでも伝えてきたようにインナービューティが大切。もちろん、いい恋をして心がときめくことでも女性ホルモンの分泌が活性化します。人生におけるドキドキやワクワクを大切にしてください。

毛乳頭細胞の活性化には、**インナービューティのほかにマッサージや適度なブラッシングも有効**です。

次のページから効果的なブラッシングの方法、頭皮マッサージの方法を紹介していますので参考にしてください。頭皮や顔の血行をよくすることで、美髪効果だけでなく首や肩のこり、顔のたるみといった不調の改善も期待できます。

髪型を変えてムードをつけると同時に、髪質を上げて美髪を手に入れる。**外と内からの両方の髪ケアで、何歳になってもキレイが実現します。**

どんどん脳を使ってショートカットやパーマ、明るい色のカラーリングなど**髪型を自由に楽しむと同時に、美髪と髪質ケアをする心の余裕をプラス**すれば、もう無敵です。

ブラッシングの方法

血行促進、育毛効果、美髪育成などに効果的なブラッシング。シャンプー前に行えば洗浄効果が高くなります。頭皮をこすらず頭皮をゆっくり動かす感覚で優しく行うのがポイントです。

動物毛やマッサージ用など刺激の少ないブラシを使う。ロングの場合は毛先のからまりをほぐしてから。

1 フェイスライン

まずは、はえぎわから耳周りまでをブラッシング。しかめっ面でおでこにシワをつくったときは、とくに念入りに。顔のリフトアップ効果も。

2 前→頭頂部

頭の前側は、物事をロジカルに考える人がこりやすい部分。バリバリ仕事をこなした日は、前髪から頭頂部に向かってゆっくりブラッシングしてリラックス。

3 襟足→頭頂部

眼精疲労、首や肩のこりを感じるなど、ダルさや体の重さを感じるときは襟足から頭頂部に向かってブラッシング。血流アップでリフレッシュできる。

4 百会

百会《ひゃくえ》とは、目の中間から頭頂部に上がった線と、左右の耳から頭頂部に上がった線が交差する場所にある頭のツボ。自律神経を整え、枝毛予防にも。

マッサージの方法

毛母細胞の活性化には頭皮の血行改善が不可欠。こり固まった頭皮をマッサージすることで血行促進につながります。さらに頭皮がやわらかくなれば顔のリフトアップにもつながります。

親指を除いた4本の指の腹で押したり、その場で小さな円を描くように頭皮を刺激。掌の付け根部分を使ってもOK。

1 こめかみ

こめかみ、耳周りの刺激でリンパの滞りを解消。こめかみ付近の可動域が頭皮本来のやわらかさ。ここと比べて頭頂部などが固ければこりのある証拠。

2 側頭部

耳周りよりも高い位置で側頭部を刺激。スマホやパソコンで疲れた眼精疲労に効果的。ほうれい線やフェイスラインにも影響するので若返り効果も。

3 頭頂部

頭頂部は5本の指を使い、頭頂部をもちあげるようにつまむ。左右だけでなく手を前後にして全体を刺激。内臓不調に効果的なので飲み会後の朝に！

4 後頭部

両手の親指の腹で盆の窪（首後ろ中央のくぼんだ部分）や首を刺激し、他の4本で後頭部全体をほぐす。生髪《しょうはつ》と呼ばれるツボがあり薄毛や白髪予防にも。

55

白髪について

美容ではグレイヘアの美しさが見直されていますが、若年齢での白髪は気になるところ。原因は加齢、遺伝などさまざまですが、生活習慣にも大きくかかわっています。

メラニン色素をつくるには、たくさんの栄養素を必要とするため、食事から栄養素をバランスよくしっかり摂取することが大切です。健康な髪のために有効なのが「タンパク質」や「亜鉛」「ビタミン」などです。メラノサイトの活性化には「カルシウム」「銅」が必要といわれています。**栄養バランスの偏りやダイエッ**

トでの食事制限は栄養不足を招き、頭皮の不健康状態にもつながりますので若い方でも要注意です。

さらに、過度な飲酒や喫煙の習慣があれば見直しが必要。体に入った有害物質をデトックスする際に多くのビタミンやミネラルが消費されてしまうため、皮膚や髪を健康に保つという本来の役割が果たせなくなってしまいます。

また、過度なストレスによる緊張状態は、全身の血管を収縮させ、血行不良を起こします。ストレスや睡眠不足による自律神経の乱れは、一時的に頭皮に負担をかけ、色素をつくる働きを阻害することがあります。

それによって白髪が急激に増えることもあるのです。そういった**生活習慣の乱れによる自律神経の乱れが要因の場合、改善されれば白髪のリスクを減らすことができます。**

白髪染めについては、ヘアカラー同様にプロである美容室での施術をおすすめします。とはいえ、**時間がないときなどは次のページで紹介する根元のリタッチ方法を覚えておくと便利**です。その際も、まずは信頼できる美容師にカラー剤や色味について相談してから行ってください。

失敗しない白髪の根元染め（リタッチ）の方法

自分で塗布してもムラになりにくい顔周りや表面の染め方を紹介します。

準備するもの

- ヘアカラー剤
- ハケ、カップ、ビニール手袋、紙エプロン
（ヘアカラー剤に同封されているものも多い）
- イヤーキャップ
- ラップ
- 不要なタオル
- ヘアクリップ
- タイマー
- コールドクリーム
（ワセリンなどで代用可）
- コットン

●脱ぎやすいように前びらきのボタンの服を着ておくとスムーズ

1

洋服の襟元をラップでくるみ、その上からタオルでくるむ。

2

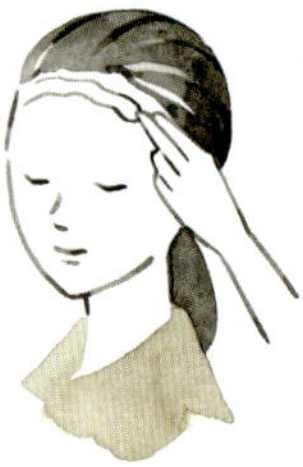

額やこめかみなど顔周りの生え際部分にコールドクリームを塗る。

3

イヤーキャップをつける。ヘアカラー剤に同封されていなければ、ラップを耳にかぶせ、輪ゴムをかければOK。

4

耳上から頭頂部をつなぐ（前後に分かれる）ように髪の毛を分け、後ろのカラーリングしない毛をヘアクリップなどで留める。

5

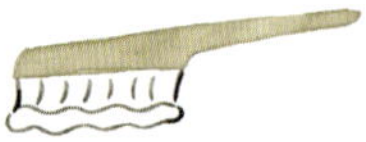

ハケの先端1/3を目安に薬剤をのせる。全体ではなく先端にのせることで、髪の根元部分だけにうまく塗布できる。

6

耳を出すようにサイドの髪の毛をすべて左手でもちあげる。耳上の生え際部分に、5のハケで上から押さえるように塗る。

7

ハケの柄の部分などを使って耳の上から1cmほど髪の毛とる。とった分の根本を6と同様に塗っていく。

8

さらに上から1cm分けとり、ハケで塗る。これを頭頂部まで数回同様に繰り返す。逆サイドも同様に塗っていく。

9

つむじの2cmほど下から髪の毛をもちあげ、根元に薬剤を塗る。サイド同様に1cmずつ髪をおろし、頭頂部全体をムラなく仕上げる。

10

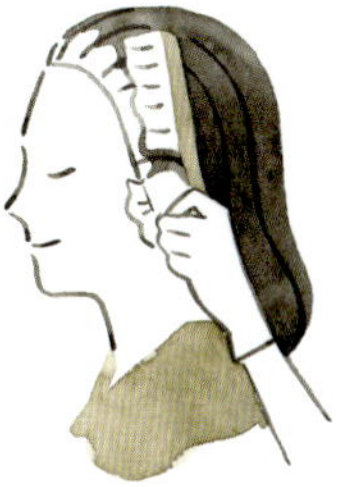

もみあげやこめかみ、顔周りに薬剤を塗る。最後に、塗り残しのないようもう一度チェックし、気になるところにしっかりと薬剤を塗る。

11

顔周りの短い白髪は染まりにくいので、コットンなどで抑える。頭全体をラップで覆い、規定時間の通りに放置し、最後によく洗い流す。

おわりに

「髪で人生が変わる」ということをお伝えしたくて、この本をつくりました。

流行りや〝モテ〟を追い続けるのではなく、自分らしさを引き出す髪型でキレイになり、さらに〝なりたい自分〟に合わせて髪型をアレンジしていく。そんなふうに、髪で自分自身をデザインして楽しむことを提案しています。

豊かに生きるために、夢を叶えるために、生きやすくするために……。

〝なりたい自分〟を実現するためには、それぞれの〝売り方〟があります。自分の売り方は自分ではわかりにくいものですが、美容のプロである美容師、ヘアメイクの公的な視点をとり入れることで個性が見えてきます。その個性をいかすことで、世の中で唯一無二の存在になり、世の中に求められていく人になるのです。

どんな売り方にも、見た目はかなり大切です。「外見なんて気にしなくていい」

とは言えません。たくさんの芸能人をプロデュースさせていただいた経験から、外見の中でもまず髪からコントロールすると、成功率はとてつもなく上がることを実感しています。もし人生に不安を覚えたり、先が見えないと感じていても、髪型を自分の生き方に寄せて個性をつかめば、どんなことでも乗り越えていけると思うのです。自分自身を愛し、楽しんで、未来をつくっていけば、徐々にたくさんの愛に出会えるようになり、あなただけの本当の人生が手に入ります。

そのためにも、私を、担当の美容師を、美容のメンターとして役立ててください。多くの方が、運命の美容師に出会えることを願っています。

この本の制作にあたっては、多くの方にご協力いただきました。メーカーさん、ディーラーさん、モデルさん、すべてのスタッフの皆さん、本当にありがとうございました。そしてこの本を読んでくださったすべての方の未来に、愛をこめて。

砂原由弥（ちょきみ）

砂原由弥《すなはらよしみ》
（ちょきみ）

人物デザイナー、ヘアメイク、美容師。UMiTOS《ウミトス》代表。表参道有名店店長を経て、2008年に実家のある千葉県南房総市に美容室「海と砂原美容室」を、2011年に東京・表参道に「UMiTOS」をオープン。ヘアメイクとしてファッション誌、CM、映画、NHK大河ドラマなど幅広く活躍。カンヌ、ヴェネチア、香港、釜山の国際映画祭に参加。内閣府認定メンタルケアカウンセラー、認定福祉美容介護士の資格をもつ。著書に『はじめてのおうちカット』（アノニマスタジオ）、共著に『一刻もハヤクツマラナイゲンジツから脱出する方法』（コワフュール・ド・パリ・ジャポン）など。

SHOP LIST

◆ヘアアイテム

・アリミノ
03-3363-8211

・UMiTOS
03-6418-8305

・オフィシーヌ・ユニヴェルセル・ビュリー
0120-09-1803

・サイエンスボーテ／
ファインビジュアル&ディアレスト
0120-575-220

・サンコール
052-832-3101

・シュワルツコフ／ヘンケルジャパン
03-3472-3078

・shiro
0120-275-606

・セフテイ
03-6628-8400

・テネリータ
03-6418-2457

・デミ コスメティクス
0120-68-7968

・Tempo 南青山
03-6427-5895

・中野製薬お客様相談センター
0120-075570

・ナプラ
0120-189-720

・ヘリオス・ホールディングス
0532-88-6305

・ミルボン
0120-658-894

・ルベル／タカラベルモント
0120-00-2831

◆衣装

・お世話や(Osewaya、LIMITED NUMBER)
http://www.osewaya.jp

・サンタモニカ 原宿店
03-5474-1870

・sneeuw
mail@sneeuw.jp

・YUKA HOJO
info@yukahojo.com

美容室《びようしつ》の選《えら》び方《かた》から自宅《じたく》での前髪《まえがみ》カットまで
キレイを引《ひ》き出《だ》す魔法《まほう》のルールとテクニック

なりたい自分《じぶん》は髪《かみ》でつくる

NDC595

2019年2月15日　発　行

著　者　UMiTOS《ウミトス》　砂原由弥《すなはらよしみ》

発行者　小川雄一
発行所　株式会社 誠文堂新光社
〒113-0033　東京都文京区本郷3-3-11
［編集］　電話 03-5805-7285
［販売］　電話 03-5800-5780
http://www.seibundo-shinkosha.net/
印刷所　株式会社 大熊整美堂
製本所　和光堂 株式会社

デザイン／川添 藍
撮影／藤村のぞみ
スタイリスト／川上麻瑠梨
メイク／畑江千穂
イラスト／星野ちいこ
編集／山本章子

ISBN978-4-416-51913-4